특별한 영유아

모노그래프 시리즈 8호

Social Emotional Development

사회 · 정서 발달 지원

Eva M. Horn · Hazel Jones 편저

김진희 · 백유순 공역

학지사

Social Emotional Development

by Eva M. Horn and Hazel Jones

역 · 자 · 서 · 문

원저 *Young Exceptional Children(YEC) Monograph Series*는 특수아동협회 유아교육분과[The Division for Early Childhood(DEC) of the Council for Exceptional Children(CEC)]의 출판물 중 하나로서 1999년부터 출간되기 시작하였습니다. '모노그래프'란 특정 주제에 관한 상세하고 실증적인 논문들을 모은 것이라고 할 수 있는데, YEC 모노그래프 시리즈는 장애가 있거나 발달이 지체된 아동, 영재아동, 발달이 지체될 위험이 있는 아동, 학교생활에 어려움이 예상되는 아동 등 1~8세의 아동을 대상으로 일하는 교사, 유아교육(보육) 종사자, 행정가, 치료사, 가족 구성원 등을 위하여 기획되었습니다. 시리즈 각 호는 조기중재 및 유아특수교육 분야의 중요한 주제를 다루며 실제(practices)에 직접적인 도움이 되는 내용으로 구성되었습니다. 근거 중심(evidence-based)의 연구 결과를 전문가와 가족에게 효과적이고 유용한 전략으로 바꾸어 소개하는 것이 모노그래프 시리즈의 주요 목표 중 하나라고 할 수 있습니다. 따라서 시리즈에 수록된 글은 탄탄한 이론 혹은 연구 기반을 갖고 있으며, 또한 광범위한 독자층을 고려하여 읽기 쉽게 쓰여 있습니다.

YEC 모노그래프 각 시리즈에서 다루는 주제는 도전적 행동에 대처하는 실제적 아이디어(1호), 자연적 환경과 통합(2호), 유아의 발달을 지원하는 교수 전략(3호), 의미 있는 정보를 수집하는 진단평가(4호), 가족 기반의 실제(5호), 학제간 팀들(6호), 초기 문식성 발달 지원(7호), 사회·정서 발달 지원(8호), 교육과정과 영유아 및 가족의 성과(9호), 조기중재의 실제와 성과(10호)입니다.

역자들은 Young Exceptional Children을 '특수유아'가 아닌 '특별한 영유아'라고 번역하였는데, 그 이유는 '특수유아'라는 표현이 혹여 유아들을 동질집단화하지 않을까 하는 우려 때문이었습니다. 그래서 서로 다른 발달을 보이는 개별 영유아에게 초점을 맞추는 의미에서 '특별한 영유아'로 번역하였음을 밝힙니다.

특별한 영유아 모노그래프 시리즈의 번역은 여러 사람의 노력과 지원이 없었으면 불가능하였습니다. 번역 계획은 2006년 가을 미국 아칸소(Arkansas) 주 리틀록(Little Rock)에서 열린 DEC 콘퍼런스에서 시작되었습니다. 당시 DEC 다문화 활동위원회(Multicultural Activities Committee)의 위원장으로 활동하고 있던 브래들리 대학교 이화(Hwa Lee) 교수의 적극적인 추천과 지원으로 모노그래프 시리즈를 한국어로 번역 출간하는 것에 대해 DEC 회장단으로부터 매우 긍정적인 답변을 들었습니다. 그러나 DEC의 출판물을 외국에서 번역 출판하는 작업이 전무하였던 관계로 실제 계약까지의 진행은 매우 더디게 이루어졌습니다. 하지만 그 시간 동안 포기하지 않고 역자들을 믿어 준 분들께 감사 드립니다. 특히 계속 관심을 가지고 국내에서 번역 출간되도록 적극적인 지원을 아끼지 않은 이화 교수님께 감사의 말씀을 드립니다. 그리고 한국에서의 출간을 지지하고 신뢰해 준 DEC 회장단을 비롯한 관계자들에게 감사의 마음을 전합니다. 또한 이 책이 나오도록 애써 주신 학지사의 김진환 사장님과 직원 여러분께 감사 드리며, 마지막으로 언제나 든든하게 힘이 되어 주는 사랑하는 가족에게 고마움을 전합니다.

2013년

역자 일동

편·저·자·서·문

특별한 영유아 모노그래프 시리즈 8호가 출간되었습니다. 이번 호에서는 영유아의 사회·정서 발달을 다루었습니다.

최근 들어서 학업 성취가 강조되고 있기는 하지만, 유아의 사회·정서 발달을 간과해서는 안 됩니다. 왜냐하면 유아기의 긍정적인 사회·정서 발달이 학령기의 성공과 밀접하게 연관되어 있음을 많은 연구에서 지적하기 때문입니다.

8호에서는 사회·정서 발달에 관한 이슈를 다양하게 다루고 있으므로 모노그래프 시리즈 1호(『도전적 행동에 대처하는 실제적 아이디어』)의 내용을 확장하는 셈입니다. 항상 그렇듯이, 8호에 실린 모든 논문은 미국 특수아동협회 유아교육 분과의 『조기중재 및 유아특수교육에서의 추천 실제(DEC Recommended Practices in Early Intervention/Early Childhood Special Education)』(Sandall, Hemmeter, Smith, & McLean, 2005)를 강조합니다. 또한 모든 논문이 추천 실제에 내재된 가치, 신념, 실제를 담고 있습니다. 즉, 전문가와 가족이 특별한 요구를 가진 영유아의 사회·정서 발달을 어떻게 지원하고 협력할 것인가에 대한 구체적인 전략을 설명함으로써 추천 실제를 따릅니다.

그리고 특수아동협회 유아교육 분과의 도전적 행동 중재 관련 성명서의 재판본이 제공되어 있습니다. 이를 복사하여 동료들과 공유하기 바랍니다.

Hemmeter와 그의 동료들이 집필한 첫 번째 논문은 도전적 행동에 대한 대처에서 프로그램 차원의 접근이 중요함을 강조합니다. 학령기 아동의 행동 지원 요구를 다루기 위하여 전문가들이 학교에서 할 수 있는 3차원(즉, 일차원, 이차원, 삼차원)의 긍정적 행동 지원(school-wide positive behavior support) 모델을 개발하였고, 현장에서 널리 실시되고 있습니다. Hemmeter와 동료 연구자들은 이 모델에 따라 개발된 유아기 프로그램용 체계를 설명하며, 유아 프로그램에서 실시할 수 있는 구체적인 지침을 제공합니다.

혁신은 대규모 시스템에서만 시작되는 것은 아닙니다. 오히려 아동에게 가장 가까운 개인이나 소집단에 의해 새로운 시도가 이루어집니다. Christensen이 쓴 '브라이스와 책 읽기'는 한 가족이 중증의 중복장애를 가진 아들을 위해 또래들과 상호작용할 수 있는 기회에 관한 이야기입니다. Christensen은 가족이 '브라이스와 책 읽기'라는 자원봉사 프로그램을 개발하며 사용한 9단계를 설명합니다. 이 이야기는 가족, 학교, 지역사회 협력의 훌륭한 예시가 되며, 이와 같은 협력이 아동, 가족, 또래에게 매우 긍정적인 결과를 가져온다는 사실을 증명합니다.

세 번째 논문에서 Tyrrell, Freeman, Chambers는 유아의 정서 발달을 지원하고자 할 때, 특히 가족의 관점을 살펴볼 것을 제언합니다. 도전적 행동은 아동뿐 아니라 가족에게도 영향을 미친다는 점에서 그것을 가족과 관련하여 이해하는 것이 매우 중요합니다. 저자들은 아동의 도전적 행동이 가족에게 미치는 영향을 설명하고, 많은 가족들이 도움이 된다고 밝힌 지원에 대해 논하며, 전문가가 가족과 협력할 때 효과적으로 사용할 수 있는 전략을 소개합니다.

Fox와 Clarke는 팀 협력의 중요성을 강조하는데, 성공적인 중재를 개발하여 실행하고 지속적으로 평가하기 위하여 팀이 함께 계획할 것을 제언합니다. 저자들은 먼저 긍정적 행동 지원을 포괄적으로 설명한 뒤에 공격적인 행동을 보이는 유아에게 초점을 맞추어 효과적인 행동 지원 계획을 개발하고 실시하는 과정을 소개합니다. 이와 같은 과정이 실제로 이루어진 예를 Cooper의 사례를 통해 보여 줍니다.

지금까지 소개한 논문들에서는 아동의 긍정적인 사회적 행동을 지원하고 도전적 행동을 예방하기 위해 성인이 사용할 수 있는 중재 및 상호작용 전략에 관한 정보를 다루었습니다. 이번에 소개하는 Strain과 Joseph의 논문은 유아의 삶과 유아의 건강한 사회·정서 발달에서 교우 관계의 중요성에 초점을 맞추고 있습니다. 철저하게 계획된 교수 없이는 특별한 요구를 지닌 유아가 적절한 교우 관계 기술을 습득할 수 없다는 것이 많은 연구에서 보고되었습니다. 저자들은 교우 관계 기술의 근본적인 중요성에 대한 유용한 정보를 제공함과 동시에, 유아가 효과적인 교우 관계 기술을 학습하는 데 도움이 되는 간단한 전략들을 소개합니다. 이 전략들은 유아가 속한 사회적 집단에서 유아가 적응하는 기회를 최대화하는 전략이라고 저자들은 표현합니다.

진도를 점검하기 위한 평가는 모든 유아특수교육 프로그램의 핵심적인 요소가 됩니다. Baggett와 Carta는 개별적인 성장과 발달 지표의 예로서 부모-자녀 상호작용의 지표(Indicator of Parent-Child Interaction: IPCI)를 소개합니다. IPCI는 부모 또는 양육자와 자녀 간의 상호작용의 전반적인 장기 목표에 대한 발전을 점검하는 방법입니다. 이 도구를 사용하여 조기 중재자는 사회·정서적 능력을 평가하고, 적합한 중재를 개발하며, 중재의 효과를 점검할 수 있습니다.

마지막 논문에서, Jegatheesan과 Meadan은 동물이 아동의 삶에, 특히 사회·정서적 발달과 관련하여 기여하는 점을 말하고 있습니다. 이 논문을 통해 우리는 학급에서 애완동물이 미치는 영향을 이해하게 되고, 교사가 아동에게 애완동물을 소개하는 지침에 대해 배울 수 있습니다. 나아가 교사가 아동 간의 사회적 상호작용을 촉진하고, 아동의 자아존중감, 자기 인식, 연민, 공감의 발달을 돕기 위해 애완동물을 이용한 활동이 소개됩니다.

이전 호와 마찬가지로 8호도 Camille Catlett이 적절한 자원을 소개합니다. Camille가 소개하는 자원은 유아의 건강한 사회·정서 발달을 촉진하기 위해 이용할 수 있는 저비용 고품질의 자료입니다.

특별한 요구를 가진 영유아 및 가족과 일하는 전문가가 자신이 행하는 실제에 대해 숙고하는 데 본 모노그래프에 실린 논문들이 도움이 되기를 바랍니다. 또한 반응적 서비스를 찾고 있는 가족에게도 이 논문들이 도움이 되기를 바랍니다. 궁극적으로 모든 유아의 건강한 사회·정서적 발달을 지원하기 위해 가족과 전문가가 공동의 책임을 지고 협력하는 방향으로 변화해야 합니다.

◆ 이 책에 기여해 주신 분들

Rashida Banerjee, University of Kansas

Ann Bingham, University of Nevada-Reno

Patty Blasco, Oregon Health Sciences University

Joanna Burton, University of Illinois at Urbana-Champaign

Virginia Buysse, University of North Carolina at Chapel Hill

Nitasha Clark, Vanderbilt University

Lynette Chandler, Northern Illinois University

Lise Fox, University of South Florida

Misty Goosen, University of Kansas

Jennifer Grisham-Brown, University of Kentucky

Sarah Hadden, University of Virginia

Mary Louise Hemmeter, Vanderbilt University

Cheryl Hitchcock, Tennessee Technological University

Lee Ann Jung, University of Kentucky

Jean Kang, University of Kansas

Gwiok Kim, University of Kansas

Cecile Komara, University of Alabama

Angela Lee, University of Illinois at Urbana-Champaign

Dave Lindeman, University of Kansas

Mary McLean, University of Wisconsin-Milwaukee

Marisa Macy, University of Oregon

Kristen missal, University of Kentucky

Linda Mitchell, Wichita State University

Andrea Morris, Southern Illinois University Carbondale

Missy Olive, University of Texas

Susan Palmer, University of Kansas

Yanhui Pang, Tennessee Technological University

Carla Peterson, lowa State University

Diane Plunkett, University of Kanasas

Kristi Pretti-Frontczak, Kent State University

Paige Pullen, University of Virginia

Cathy Qi, University of New Mexico

Beth Rous, University of Kentucky

Rosa Milgaros Santos, University of Illinois ar Urbana-Champaign

Ilene Scwartz, University of Washington

Tamara Sewell, Tennessee Technological University

Shelia Smith, University of Kansas

Dawn Thomas, University of Illinois at Urbana-Champaign

Vickie Turbiville, Dripping Springs, TX

Amanda Tyrrell, University of Kansas

Robin Wells, Eastern New Mexico University

Mike Wischnowski, St. John Fischer College

Barbara Wolfe, University of St. Thomas

참고문헌

Sandall, S., Hemmeter, M. L., Smith, B. S., & McLean, M. (2005). *DEC recommended practices: A comprehensive guide*. Longmont, CO: Sopris West.

*공동 편집자: Eva M. Horn(evahorn@ku.edu)
Hazel Jones(hajones@coe.ufl.edu)

차 · 례

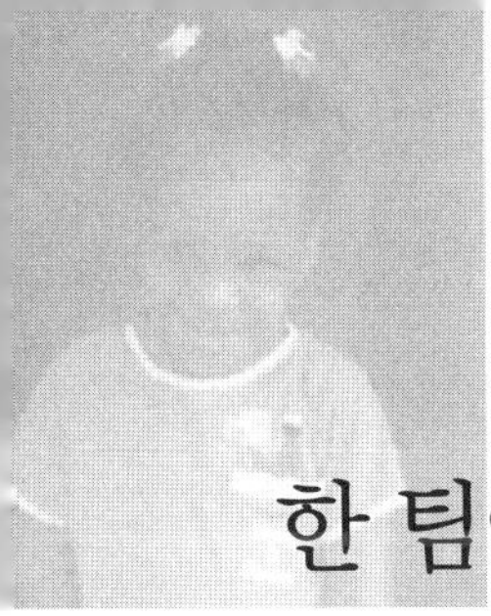

한 팀이면 할 수 있어요!

문제 행동에 대한 프로그램 차원의 접근

Mary Louise Hemmeter, Ph.D., Vanderbilt University

Lise Fox, Ph.D., University of South Florida

Sharon Doubet, M.S.Ed., University of Illinois at Urbana Champaign

> 우리는 매년 문제 행동에 관한 훈련을 실시하고 있으나, 아직도 문제 행동은 우리 프로그램의 큰 문제다. (관리자)
>
> 나는 문제 행동에 대해 좌절감을 많이 느낀다. 가끔은 정말 교실을 떠나고 싶은 마음이 든다. (유아 교사)
>
> 나는 일상적으로 일어나는 문제 행동에 잘 대처할 수 있다. 그런데 제레미는 정말 어떻게 해야 할지 방법을 전혀 모르겠다. 제레미는 공격적인 행동으로 매일 수업을 방해할 뿐 아니라 학급의 다른 아이들까지 위험에 빠뜨리고 있다. (유아 교사)

유아의 문제 행동은 많은 프로그램에서 심각한 이슈로 대두된다. 교사들의 보고에 따르면, 문제 행동을 보이는 아동의 숫자가 점차 증가하고 있으며, 이에 따라 문제 행동과 관련한 교사의 좌절감도 커지는 실정이다(Hemmeter, Corso, & Cheatham, 2006). 유아 대상의 연구에 따르면, 연구 대상 아동의 전체 인원에 따라 문제 행동은 9~33%의 비율로 보고되었다(Campbell, 1995; Qi & Kaiser, 2003). 유아의 외현화 행동(예: 짜증, 타인이나 자신에 대한 공격성)은 학습 기회를 제한하고, 또래와 교사의 거부로 이어지는 사회적 · 학업적 문제가 될 위험이 크다(LaRocque, Brown, & Johnson, 2001). 또한 유아기에 적절한 중재를 받지 못한 아동들은 학교에 입학하여 사회 · 정서 · 행동 · 학업의 문제를 지닐 가능성이 높다.

문제 행동을 보이는 유아가 초기에 효과적인 중재를 받지 못할 경우, 문제 행동은 고착되어 상당히 오랫동안 지속된다(Campbell, 1995; Shaw, Gilliom, & Giovannelli, 2000). 그런데 유아기에 필요한 중재와 지원이 유아기 환경에서 제대로 제공되지 않고 있음이 여러 연구에서 드러났다. 연구에 따르면, 집단 보육 환경의 질적 수준이 상대적으로 낮은 것으로 나타났고, 이러한 환경 수준이 아동의 낮은 사회 · 정서 발달과 연계된 것으로 보고되었다(Helburn et al., 1995; National Research Council, 2001; NICHD, 1999).

문제 행동을 보이는 아동의 요구를 다루기 위한 효율적인 접근의 핵심적 특성은 바로 양질의 발달에 적합한 환경이다. 유아기 프로그램에서의 지원 부족에 대한 추가적인 증거를 제시하는 연구에 따르면, 주정부의 재정 지원을 받는 유아 프로그램에서 유아들을 중도탈락시키는 비율은 학령기 아동보다 약 6배 더 많았다(Gilliam, 2005). 그런데 교사가 행동 관련 상담을 받으면 그 비율이 절반으로 감소하지만, 대부분의 교사들은 이러한 상담을 받을 기회가 없는 것으로 보고되었다. 또한 유아교사들이 문제 행동에 대한 훈련을 우선적으로 받기를 원한다는 사실이 여러 연구에서 나타났다(Buscemi, Bennett, Thomas, & Deluca, 1995; Hemmeter et al., 2006). 이와 같은 연구 결과는 많은 유아교사들이 문제 행동에 효율적으로 대처하기 위한 준비가 미흡하다고 느끼고 있음을 말해 준다. 여러 연구에 따르면, 많은 유아 프로그램이 아동의 행동적 · 사회적 · 정서적 요구를 다룰 수 있는 자질과 전문성을 덜 갖추고 있다. 문제 행동을 보이는 아동의 요구를 다루기 위해서 교사 훈련뿐 아니라 행동 지원에 관한 전문지식으로의 접근과 관리자 및 프로그램 정책 차원에서 지원이 제공되어야 한다.

발달장애를 가진 아동의 심각한 문제 행동에 대처하는 혐오적(aversive) 중재 절차의 대안으로 긍정적 행동 지원(Positive Behavior Support: PBS)이 약 20년 전에 개발되었다. 지난 10년간 PBS의 원리와 실제는 초 · 중 · 고등학생들에게 광범위하게 적용되었다(Horner, Sugai, Todd, & Lewis-Palmer, 2005). 학교 차원의 PBS란 시스템 관점, 즉 학교 내 시스템과 절차로 행동에 접근하는 전략으로서 개발되었는데, 아동의 적절한 행동 발달을 지원함과 동시에 심각한 행동 문제를 지닌 아동의 요구에 대처할 수 있다(Freeman et al., 2006; Sugai, Sprague, Horner, & Walker, 2000).

학교 차원의 PBS 모델은 교내 모든 학생의 행동 지원 요구에 대처하기 위한 일차적 · 이차적 · 삼차적 전략으로 구성된 3단계의 접근을 이용한다. 일차적 전략은 학생에게 기대하는 것을 모든 교직원이 구체적으로 지도하는 학교 문화 조성에 초점을 맞춘다. 이차적 전략은 좀 더 심각한 문제 행동으로 발전할 위험이 있는 학생의 요구에 대처하기 위해 사용된다. 마지막으로 삼차적 전략은 심각한 문제 행동을 지속적으로 보이는 학생에 대한 개별화 지원을 개발하는 데 초점을 둔다(Freeman et al., 2006). 학교 차원의 PBS 적용은 문제 행동의 감소, 교내 벌칙 및 유기정학의 감소, 교수 시간의 증가 등의 결과로 나타났다(Horner et al., 2005; Nelson, Martella, & Marchand-Martell, 2002). 학교 차원의 PBS 모델은 비교적 잘 정립되어 있지만, 유아기 환경에서 PBS 모델을 적용하는 시도는 그다지 활발하지 않다.

유아 프로그램의 몇 가지 특성은 학교 차원의 PBS 모델을 유아기 환경에 적용하는 데 잠재적인 영향을 미친다. 그 특성의 예를 들면, 유아에게 서비스를 제공하는 서비스 전달 체계의 다양성(예: 헤드 스타트, 공립학교, 보육시설), 환경에서 활용되는 철학적 접근, 유아의 연령 및 능력, 교사 훈련, 행동 지원에 관한 전문지식에의 접근 등을 들 수 있다. 이 논문의 목적은 학교 차원의 PBS가 유아 프로그램의 독특한 요구 및 프로그램에 참여하는 유아의 독특한 요구에 맞게 적용되는 방법을 설명하는 것이다. 구체적으로, 유아 프로그램에서 3단계 모델이 반영되어 조성된 구조를 살펴보고, 이 모델이 프로그램 차원에서 적용되는 실시 과정에 대해서도 설명하고자 한다.

프로그램 차원의 PBS: 교수 피라미드 적용

교수 피라미드(Teaching Pyramid)(Fox, Dunlap, Hemmester, Joseph, & Strain, 2003)는 유아의 사회 · 정서 발달을 증진시키고, 문제 행동에 대처하는 것에 대한 지침을 제공한다. 교수 피라미드([그림 1] 참조)는 두 가지 수준에서 전반적인 증진의 실제, 위험군 아동을 위한 이차적 중재의 실제, 문제 행동을 지속적으로 보이는 아동을 위한 삼차적 중재를 포함한다. 교수 피라미드는 유아에게 효과적인 교수 방법(National Research Council, 2001), 아동의 사회적 능력 증진(Guralnick & Neville, 1997; Webster-Stratton, 1999; Hyson, 2004), 긍정적 행동 지원(Fox, Dunlap, & Cushing, 2002; Fox, Dunlap, & Powell, 2002)에 관한 연구에 근거한다.

[그림 1]에 나타나듯이, 교수 피라미드의 네 가지 수준에서의 실제는 긍정적인 관계, 지지적인 환경, 사회·정서적 교수 전략, 개별화 중재를 의미한다. 가족이나 또래와의 긍정적인 관계는 아동의 사회·정서 발달을 지원하고, 문제 행동에 대처할 수 있는 맥락을 제공한다. 지지적인 환경은 아동이 학급에서 적극적으로 참여하고 성공할 수 있게 촉진하는 긍정적인 관심, 일관성 있는 일과, 명확한 기대와 잘 설계된 물리적 공간 등과 같은 실제를 말한다(Strain & Hemmeter,

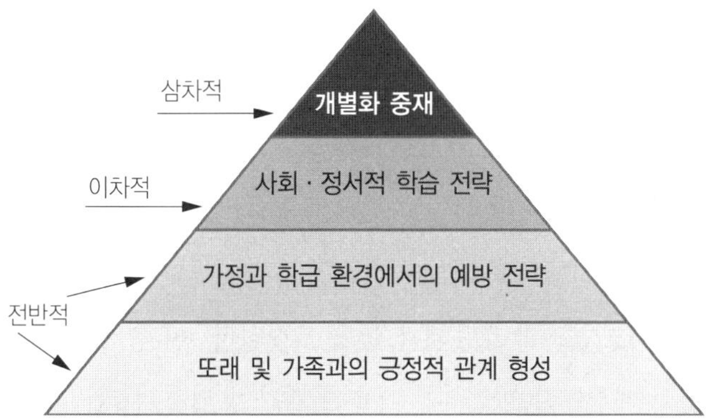

[그림 1] 교수 피라미드 모델

※ Fox 등(2003)의 허락을 받아 수정한 것임.

1999; Lawry, Danko, & Strain, 1999). 사회 · 정서적 교수 전략은 문제 행동을 야기할 수 있는 사회적 · 의사소통적 · 정서적 지체에 대처하는 데 필수적인 전략이다(Webster-Stratton, 1999; Joseph & Strain, 2003). 교수 피라미드의 세 가지 수준이 적절해도 소수의 아동은 여전히 도전적인 행동을 보일 수 있으므로 개별화 중재가 필요하다. 이러한 아동에게는 개별화 행동 중재 계획이 필요하며, 그 계획은 개별 아동의 문제 행동에 대한 이해를 기반으로 한다(Fox et al., 2002).

교수 피라미드를 프로그램 차원에서 실행하는 전략

다음은 교수 피라미드를 프로그램 차원에서 이용하는 단계별 과정에 대한 설명으로서 〈표 1〉에 요약하였다. 각 단계는 발레스카 힌턴 유아교육센터(Valeska Hinton Early Childhood Education Center: VHECEC)에서 프로그램 차원의 PBS를 실시한 과정을 보여 준다. VHECEC는 미국유아교육협회로부터 평가인증을 받은 공립학교 프로그램으로, 유아부터 초등 1학년까지 400명의 아동이 등록된 기관이다. 이 센터는 공립학교, 특수교육, 헤드 스타트, 주정부의 정액교부금으로 운영되는 프로그램(위험군 유아, 가족교육), 타이틀 I(초 · 중등학교) 학교법하의 교육기관 등을 포함한다. 이 센터에서 프로그램 차원의 계획안을 만들 때, 이를 설명하기 위하여 '한 팀이면 할 수 있어요!'라는 슬로건을 선정하였다.

〈표 1〉 프로그램 차원의 모델 실행 단계

1. 리더십 팀을 조성하고 장기적인 목표를 세운다.
2. 프로그램 차원의 계획을 수립한다.
   ① 가족을 참여시키는 계획을 세운다.
   ② 스태프를 참여시키는 계획을 세운다.
   ③ 프로그램 차원의 목표를 세운다.
   ④ 목표에 대한 교수 전략을 개발한다.
   ⑤ 지속되는 문제 행동에 대처하는 과정을 개발한다.
3. 전문성 개발 계획을 개발한다.
4. 성과를 모니터링하는 계획을 세우고 실행한다.

프로그램 차원의 PBS 리더십 팀 구성과 장기 목표 수립

프로그램 차원의 PBS는 리더십 팀을 구성하는 것으로부터 시작하는데, 팀에는 교직원, 관리자, 가족, 아동의 문제 행동이나 정신건강과 관련하여 프로그램에 도움을 줄 수 있는 전문가가 포함된다. 정책과 절차, 교육과정 변경, 전문성 개발 활동 등에 대한 의사결정권을 가진 관리자가 반드시 팀에 포함되어야 한다. 또한 학급에 직접 들어오지는 않지만 아동과 정기적으로 상호작용하는 교직원, 버스 기사, 경비원, 조리사도 프로그램에 반드시 포함되어야 한다. 리더십 팀이 가장 먼저 하는 일 중 하나는 프로그램 차원의 장기 목표를 수립하는 것이며, 이 목표는 아동과 교직원의 요구에 관련된 데이터에 근거한다.

아동의 사회 · 정서적 기술 발달 및 문제 행동 영역에 대하여 아동, 교사, 가족을 지원해야 할 필요성이 점차 증가함에 따라, 발레스카 힌턴 유아교육센터 관리자들은 이에 대해 논의하였다. 교직원 대상 설문조사 결과에 따르면, 교직원들은 문제 행동에 대처하는 방법에 관한 훈련을 가장 필요로 하고 있음이 밝혀졌다. 아동이 지속적으로 문제 행동을 보일 때 교직원들은 대개 좌절감, 당혹감, 무력감을 느꼈다. 관리자 팀에서는 사회 · 정서적 발달과 문제 행동에 대처하는 계획을 수립하기로 하였다. 계획의 장기 목표는 교수 시간 증대, 교직원 지원, 교직원에게 효과적인 전략 제공, 부모 참여로 하였다. 여러 가지 접근을 검토한 후, 관리자 팀은 교수 피라미드 접근이 자신들의 프로그램 철학과 일치하며, 자신들이 찾고 있던 모든 특징이 교수 피라미드에 포함되어 있음을 발견하였다. 그 특징의 예를 들면, 긍정적인 사회적 행동 교수 및 증진, 문제 행동 예방, 문제 행동을 지속적으로 보이는 아동을 위한 개별화 지원 제공이다.

팀 합류에 관심 있는 교직원은 서명을 하였고, 이로써 리더십 팀이 구성되었다. 팀에 자발적으로 참여한 교직원은 교사, 학급 보조원, 가족 서비스 요원, 방과후 교사, 관리자, 그 외 교직원(non-class staff)이었다. 그리고 전문성 개발 조정자가 팀의 촉진자 역할을 맡았다.

프로그램 차원의 PBS 실행 계획 수립

리더십 팀의 첫 번째 과제는 프로그램 차원의 실행 계획을 수립하는 것이다. 실행 계획에는 ① 가족이 계획의 모든 단계에 참여하고, ② 교직원이 계획에 적극적으로 참여하며, ③ 아동의 행동에 대한 프로그램 차원의 목표를 확인하고, ④ 목표에 대한 교수 전략을 세우며, ⑤ 문제 행동을 계속적으로 보이는 아동에 대한 개별화 행동지원 계획 개발 과정이 포함되어야 한다.

가족 참여 계획을 세운다

가족은 계획 수립, 실행, 평가의 모든 과정에 참여해야 한다. 가족이 직접 리더십 팀에 소속되어 봉사할 수도 있고, 리더십 팀과 정기적으로 만나서 가족의 의견을 계획에 반영할 수도 있다. 어떤 방법으로든 팀이 가족의 목소리를 듣는 것이 중요하다. 아동의 행동에 대한 가족의 염려, 가족이 얻고자 하는 정보의 유형, 아동의 문제 행동에 대처하고자 할 때, 가족이 원하는 참여 방법, 가족과 정보를 공유할 때 가장 유용한 형식과 전략 등에 관한 가족의 의견에 팀이 귀를 기울일 필요가 있다. 가족 참여를 촉진하는 아이디어는 〈표 2〉에서 확인할 수 있다.

발레스카 힌턴 유아교육센터에서는 프로그램 차원의 PBS 실행 계획을 수립하는 과정을 계속적으로 가족에게 알리며, 가족이 언제든지 참여할 수 있도록 안내하였다. 매월 열리는 부모 모임에서 과정에 관한 최신 정보를 제공하고 부모의 제안과 피드백을 들었다. 기존의 부모 리더십 팀에게도 회의 참석을 요청하여 계획에 관한 제안과 피드백을 받았다. 학교에서 진행 중인 부모 참여 형태(예: 부모-교사 회의, 가정방문, 등교 및 하교 시의 비공식적인 상호작용)를 이용하여 아동의 사회 · 정서 발달, 아동의 행동 지원 전략, 프로그램 차원의 계획에 대한 정보를 가족과 공유하였다. 예를 들면, 부모-교사 회의를 할 때, 프로그램 차원에서 바라는 목표와 가정에서의 목표를 지원할 수 있는 방법을 가족과 공유하였다. 계획을 소개하는 부모 워크숍도 계획되었다.

〈표 2〉 프로그램 차원의 행동 지원에 가족 참여를 촉진하는 아이디어

- 행동 지원 계획 적용 방법을 가족 소식지에 소개한다.
- 계획을 설명하고, 아동들이 목표 행동을 시범 보이는 행사를 개최한다.
- 가정에서 목표 행동을 지도할 수 있는 방법을 알려 준다.
- 아동이 목표 행동을 수행하는 사진이 실린 '나를 보세요' 노트를 가정으로 보낸다.
- 사회 · 정서 발달에 관련된 동화책의 목록을 가족에게 제공한다.
- 가정에서 사회 · 정서 발달을 촉진하는 방법을 가족에게 알려 준다.
- 가정에서 자녀와 재미있게 사회적 기술을 연습할 수 있는 과제를 가족에게 내 준다(예: '가족 각각에게 세 가지 칭찬을 하세요.' '가족 각자에게 가장 친한 친구가 누구인지 물어보고, 그 친구의 어떤 점을 좋아하는지 물어보세요.').
- 프로그램의 성공 사례를 축하하는 행사를 개최하여 가족을 초대한다.
- 건물의 입구 통로에 기관에서 지향하는 목표를 전시한다. 아동과 교직

원이 목표 행동의 시범을 보이는 사진과 목표 행동의 예시를 아동이 받아쓰기 한 것 등이 전시물이 된다.

- 아동의 행동 지원 계획 수립 과정의 개요를 만든다. 자주 하는 질문의 목록, 행동 지원의 의미 설명, 가족 참여 방법, 이전에 참여한 가족의 사례 등을 포함한다. 처음 열리는 부모 회의에서 이 내용을 모든 가족과 공유한다.

교직원이 계획에 적극적으로 참여할 수 있도록 계획을 세운다

프로그램 차원의 PBS를 실행하기 이전에 다수의 교직원으로부터 호응을 얻는 것이 중요하다. 프로그램 차원 접근의 성공은 모든 교직원이 계획을 얼마나 일관되게 실시하는가에 어느 정도 좌우된다. 교직원을 적극적으로 참여하게 하는 방법은 여러 가지가 있다. 예를 들면, 계획 팀에 들어오도록 요청하고, 소집단의 교직원 포커스 그룹을 여러 개 유지하면서 이들의 제안을 받아 확약서(letter of commitment)에 서명하게 한다. 프로그램 차원의 계획을 성공적으로 이끈 많은 학교에서는 계획 실시 이전에 교사들로 하여금 계획을 성실히 수행하겠다는 의지의 표명으로 확약서 서명 또는 다른 방법으로 교사들의 다짐을 받는다.

발레스카 힌턴 유아교육센터에서는 교직원들에게 확약서 서명을 요구하지 않았다. 대신에 교직원들의 확실한 참여를 위하여 몇 가지 단계를 이행하였다. 센터에서는 계획위원회에 자진하여 참여할 교직원을 찾았다. 20명의 교직원이 지원하자 20명 전원을 계획 팀에 포함시켰다. 계획의 각 단계가 개발되면, 팀은 다른 교직원들과 교내에서 수시로 정보를 공유하고 교직원 회의에서 논의한 후에 피드백을 받았다. 계획 과정 중 특히 중요한 시점에서는 팀 구성원들이 개별적으로 교직원들을 만나 이야기를 나누고 그들의 제안이나 피드백을 받았다.

프로그램 차원에서 기대하는 목표를 수립한다

프로그램 차원 PBS 개발의 핵심 단계는 아동에게 기대하는 행동 목표를 확인하는 것이다. 행동 목표는 두 가지 목적을 지닌다. 하나는 아동의 사회적 기술과 적절한 행동 지원에 대하여 모두가 동의하고 이해하는 언어로 교직원, 아동, 가족에게 전달하기 위함이다. 또

발레스카 힌턴 유아교육센터 계획 팀은 장시간의 토론 끝에 프로그램 차원에서 아동에게 바라는 행동에 대한 합의에 이르렀다. "발레스카 힌턴 유아교육센터에서 아동과 성인은 서로를 존중하고, 안전을 유지하며, 협력해야 한다." 이 과정에서 팀원들이 습득한 중요한 교훈은 아동의 행동뿐 아니라 성인의 행동에 대해서도 기대되는 목표가 명확하게 수립될 필요가 있다는 점이었다. 이와 같이 목표 행동이 설정됨으로써 교직원은 아동, 동료, 가족과의 상호작용에서 목표 행동을 확실하게 수행할 책무성을 지니게 된다.

다른 목적은 아동의 행동에 대한 일관된 메시지를 아동에게 전달하기 위함이다. 그래서 문제 행동이 아니라 적절한 행동 및 사회적 기술로 초점이 바뀌게 된다. 게다가 아동의 행동에 대하여 모든 성인이 공통된 기대를 함으로써 아동은 자신의 행동에 대한 일관된 반응을 받게 되고, 긍정적인 피드백을 받는 빈도도 높아진다. 〈표 3〉은 교내의 다양한 환경에서 아동에게 기대하는 목표를 촉진하는 방법을 나타내는 샘플 매트릭스다.

〈표 3〉 한 팀이면 할 수 있어요!
교내에서 성인과 아동에게 기대되는 행동

행동	놀이터	강당	교실	통학버스
존중하기	• 서로를 배려한다. • 차례를 지킨다. • 놀이터를 소중하게 이용한다.	• 조용히 말한다. • 함께 머문다.	• 공유한다. • 규칙을 따른다. • 타인의 말에 귀를 기울인다. • 타인의 감정을 배려한다.	• 지시를 따른다. • 자신의 좌석에 머문다. • 버스를 깨끗하게 이용한다.
안전에 유의하기	• 놀이터 규칙을 지킨다. • 안전하게 놀이한다. • 교사가 보이는 장소에서 놀이한다.	• 조용히 걷는다. • 교사 주위에 머문다. • 자신의 소재를 반드시 교사에게 알린다.	• 조용히 걷는다. • 안전하게 놀이한다. • 지시를 따른다. • 교실을 깨끗하게 유지한다.	• 교사 주위에 머문다. • 버스가 움직일 때는 행동을 멈추고 기사의 지시를 따른다. • 성인에게 도움을 요청한다.

협력하기	• 놀이기구를 공유한다. • 자전거 주차를 돕는다. • 말로써 해결한다.	• 집단에 머문다. • 서로 돕는다.	• 아이디어를 공유한다. • 서로 돕는다. • 말로써 해결한다.	• 서로 돕는다. • 집단에 머문다.

기대하는 목표 행동을 가르치고, 인정해 주는 전략을 개발한다

기대되는 목표 행동이 결정되면, 팀은 그 목표 행동을 가르치고 인정하는 과정을 개발한다. 이 과정은 교내의 여러 상황에서 교수할 스케줄을 짜고, 개별 학급뿐 아니라 프로그램 전체 차원에서 목표 행동을 가르치고 인정해 주는 전략을 개발하는 것이다. 목표 행동을 가르치고 칭찬하기 위한 프로그램 차원의 계획은 아동이 모든 상황

'한 팀이면 할 수 있어요' 팀은 기대하는 목표 행동을 지도할 전략의 목록을 만들고, 학교 전체적으로 동시에 목표 행동에 초점을 맞추는 계획을 세웠다. 이때 목표 행동을 사회적 기술 교육과정에 통합시키고, 모델링과 역할놀이를 이용하며, 목표 행동을 보이는 아동의 사진을 찍어 활용하는 등 여러 가지 방법을 동원하였다. 인정하는 전략은 친사회적 행동을 인정하는 방식으로 개발되었다. 예컨대, 언어적으로 설명하는 피드백, 목표 행동을 보이는 아동의 사진을 건물 중앙의 게시판에 전시하기, 목표 행동을 하는 아동의 사진과 이에 대한 설명을 기록한 책을 학급에서 만들기 등이다.

에서, 그리고 날마다 이루어지는 성인과의 상호작용에서 기대되는 목표 행동을 습득하고 지원을 받게 하기 위함이다. 다양한 교수전략으로 행동을 가르칠 수 있는데, 예를 들면 토론, 역할놀이, 모델링, 피드백을 들 수 있다. 기대되는 행동을 인정하는 전략 중 비형식적인 방법은 성인이 긍정적인 피드백을 제공하거나, 좀 더 형식적으로 게시판이나 사진을 활용하거나, 전체가 모인 공식적인 자리에서 인정하는 것이다.

지속되는 문제 행동에 대처하는 절차를 개발한다

앞서 설명한 증진 및 예방 활동이 대부분 아동의 사회적 · 정서적 요구 충족에 효과적이기는 하나, 개별화 중재 계획을 필요로 하는 아동도 있다. 따라서 문제 행동을 지속적으로 보이는 아동에 대한 대처 과정을 프로그램 자원의 계획에 포함하여야 한다. 그 아동을 둘러싼 개별화 과정을 촉진할 책임자로 한 명의 교직원을 선정한다.

> '한 팀이면 할 수 있어요' 시행 이차년도에 팀 구성원들은 가장 심각한 문제 행동을 보이는 아동들을 지원하기 위한 계획을 세우는 데 집중하였다. 위험하고 파괴적인 행동을 지속적으로 보이는 아동의 요구에 대처하기 위한 절차가 개발되었다. 행동 지원 촉진자로 선정된 교직원은 행동을 관찰하고, 정보를 수집하며, 행동 지원 계획을 작성하는 것에 관한 훈련을 받았다.

전문성 개발 계획 설계

프로그램 차원의 PBS를 실시하려면 교직원을 훈련하고 지원하는 계획이 반드시 수립되어야 한다. 프로그램 교직원을 위한 전문성 개발은 교수 피라미드에 관한 전반적인 정보를 제공하는 전체적인 훈련은 물론이고, 문제 행동을 보이는 아동을 지원하기 위해 개발된 과정도 포함시켜야 한다. 또한 문제 행동에 대한 대처와 관련하여 학급 팀이 가진 지식과 요구에 따라 팀에게 개별적 · 지속적 지원을 제공하는 계획이 포함되어야 한다. 이러한 지원은 학급에서의 코칭을 포함해야 한다. 또한 교직원은 아동을 완벽히 관찰하는 방법을 훈련받고 아동의 개별화 계획 개발에 참여해야 한다. 신임 교직원에게는 훈련, 오리엔테이션, 지원 등이 반드시 제공되어야 한다. 마지막으로 아동의 행동 지원과 관련한 교직원의 노력과 수고를 인정하

'한 팀이면 할 수 있어요' 계획의 일부로 여러 가지 전문성 개발 활동이 실시되었다. 모든 교직원을 대상으로 일련의 교직원 연수 활동이 교수 피라미드의 단계별로 이루어졌다(Fox et al., 2003). 관리자는 신임 교직원에게 교수 피라미드 모델에 대한 오리엔테이션을 계획하였다. 교사들이 각자 자신의 학급에서 전략을 실시할 때, 전문성 개발 조정자(coordinator)와 수석교사(lead teacher)는 교사들이 언제든지 도움을 요청할 수 있는 지원교사의 역할을 하였다. 필요한 경우, 교사들은 개별 아동의 행동 지원 계획을 촉진하는 방법에 관한 훈련을 받았다.

는 방법도 미리 계획되어야 한다.

계획의 실행과 성과를 점검하기 위한 계획 수립

프로그램 차원의 PBS 계획 수립은 아동과 교직원의 요구에 관한 자료에 근거해야 한다. 이러한 요구는 프로그램 차원 계획의 장기 목표 또는 성과로 전환될 수 있다. 무엇보다도 계획의 실행 및 성과를 점검하는 계획을 세우는 것이 중요하다. 자료는 정기적으로 수집되어야 하며(예: 문제 행동의 발생률, 아동의 행동과 관련한 교사의 도움 요청 발생률), 장기 목표의 성취를 보장하기 위하여 계획을 수정할 때도 자료를 참고해야 한다.

계획의 모든 요소가 개발되면, 리더십 팀은 계획을 검토하기 위한 회의를 개최한다. 교직원, 학생, 가족을 위하여 예방적 교육 활동(proactive education activities)을 조정하고, 프로그램의 관리자 팀에 조언을 제공하며, 최신 정보를 교직원 회의에서 공유한다. PBS 접근의 성과를 들자면, 긍정적 행동 지원에 대한 프로그램 차원의 합의 및 집중, 교직원 간의 일체감 증대, 아동의 행동을 둘러싼 공통적인 언어 그리고 교무실로 불려 가는 아동의 감소 등을 들 수 있다.

프로그램 차원의 PBS 실행에서 얻은 교훈

프로그램 차원의 PBS는 유아교육 환경에서 발생하는 문제 행동과 연관된 주요 이슈에 대처하는 체계적인 접근 방법이다. 프로그램 차원의 PBS는 교직원 훈련을 위한 계획을 제공할 뿐 아니라 정책과 절차 개발을 포함한다. 특히, 교직원이 유아의 사회 · 정서 발달과 문제 행동을 다룰 수 있도록 지원하는 손쉽고 효과적인 정책과 절차를 개발한다. 그래서 행동 지원을 프로그램 차원의 이슈로 만들며, 교사가 아닌 프로그램 차원에서 책임을 진다. 프로그램 차원의 PBS는 유용한 실제이기는 하나, 실행하기가 만만한 것은 아니다. 이는 포괄적이며 장기간의 헌신을 요한다. 저자들은 다양한 프로그램과 경험에 기초하여, 유아기 환경에서 프로그램 차원의 PBS 실행을 위하여 다음과 같이 권장한다.

첫째, 팀 구성과 리더십에 관한 내용이다. 학교 분위기와 관련된 이슈는 직접적으로 대처하는 것이 중요하다. 만약 그렇지 않으면, 그 이슈가 이 프로젝트에서 함께 일하는 교직원의 능력에 영향을 미칠 수 있다. 교직원 중 특정한 사람에게 의존하기보다 팀 접근을 통해 계획을 수행해야 한다. 그래야만 팀 구성원의 변화가 있더라도 지속적인 지원이 가능해진다. 신임 교직원에게 오리엔테이션을 하고, 교직원 채용 인터뷰에서 행동 지원에 관한 질문을 포함시키며, 신임 교직원이 계획을 실행할 수 있도록 지원해야 한다.

둘째, 교직원에게 지속적으로 훈련과 지원을 하는 것이 중요하다. 문제 행동에 대처하는 것은 성인에게도 어려운 과제다. 교직원에게 훈련, 상담, 문제해결, 인정 등의 지원이 필요하다. 이러한 지원은 반드시 개별화되고, 즉각적이며, 효과적이어야 한다. 또한 모든 교직원을 계획에 포함시키는 것이 중요하다. 버스기사, 조리사, 경비원, 관련 서비스 교직원, 관리자는 매일 아동과 상호작용하며 문제 행동에 자주 직면한다. 이들도 반드시 훈련과 지원을 받게 하여 아동과 효과적으로 상호작용할 수 있게 한다.

셋째, 계획과 실행의 모든 단계의 시작부터 가족을 포함시켜야 한다. 먼저 이러한 계획이 왜 필요한지에 대한 오리엔테이션을 가족에게 할 필요가 있다. PBS 계획이 부모 안내서, 부모 오리엔테이션, 가정방문, 부모-교사 회의, 그 외 가족 활동의 일부가 되게 한다. 또한 가족 구성원이 관심을 갖는 영역에서 계획과 아동 참여에 관한 정보를 공지한다.

넷째, 포괄적이면서 사용이 용이한 계획을 수립하는 것이 중요하다. 가장 심각한 문제 행동을 가진 소수의 아동에게 초점을 맞추는 접근은 피해야 한다. 그보다는 모든 아동의 적절한 사회적 기술과 정서 능력을 증진하고, 문제 행동을 예방하며, 최종적으로 포괄적인 촉진과 예방 전략을 사용함에도 불구하고 지속되는 문제 행동에 대처하는 전략을 세우는 데 초점을 맞추어야 한다.

마지막으로, 프로그램은 행동 지원이 계속 진화하는 과정이라는 사실을 인식해야 한다. 계획이 계속 효과적이려면, 팀은 정기적으로 만나서 프로그램 자료와 교직원의 의견을 검토하고, 필요한 경우 계획을 수정하며, 성공을 축하해야 할 것이다.

주

Mary Louise Hemmester(ml.hemmeter@vanderbilt.edu)

참고문헌

Buscemi, L., Bennett, T., Thomas, D., & Deluca, D. A. (1995). Head Start: Challenges and training needs. *Journal of Early Intervention, 20*(1), 1-13.

Campbell, S. B. (1995). Behavior problems in preschool children: A review of recent research. *Journal of Child Psychology and Psychiatry, 36*(1), 113-149.

Fox, L., Dunlap, G., & Cushing, L. (2002). Early intervention, positive behavior support, and transition to school. *Journal of Emotional and Behavior Disorders, 10*(3), 149-157.

Fox, L., Dunlap, G., Hemmeter, M. L., Joseph, G. E., & Strain, P. S. (2003). The teaching pyramid: A model for supporting social competence and preventing challenging behavior in young children. *Young Children, 58*, 48-52.

Fox, L., Dunlap, G., & Powell, D. (2002). Young children with challenging behaviors: Issues and consideration for behavior support. *Journal of Positive Behavior Interventions, 4*, 208-217.

Freeman, R., Eber, L., Anderson, C., Irvin, L., Horner, R., Bounds, M., et al. (2006). Building inclusive school cultures using school-wide positive behavior support: Designing effective individual support systems for students with significant disabilities. *Research and Practice for Persons with Severe Disabilities, 31*, 4-17.

Gilliam, W. S. (2005). Prekindergarteners left behind: Expulsion rates in state prekindergarten systems. Retrieved July 20, 2005, from http://www.fcd-us.org/PDFs/NationalPreKExpulsionPaper03.02_new.pdf

Guralnick, M. J., & Neville, B. (1997). Designing early intervention programs to promote children's social competence. In M. J. Guralnick (Ed.), *The effectiveness of early intervention* (pp. 579-610). Baltimore: Paul H. Brookes.

Helburn, S., Culkin, M. I., Morris, J., Mocan, N., Howes, C., Phillipsen, L., et al. (1995). *Cost, quality, and child outcomes in child care centers, public report* (2nd ed.). Denver: Economics Department, University of Colorado at Denver.

Hemmeter, M. L., Corso, R., & Cheatham, G. (2006, February). *Issues in addressing challenging behaviors in young children: A national survey of early childhood educators.* Paper presented at the conference on Research innovations in Early Intervention, San Diego, CA.

Horner, R. H., Sugai, G., Todd, A. W., & Lewis-Palmer, T. (2005). School-wide positive behavior support. In L. M. Bambara & L. Kern (Eds.), *Individualized supports for students with problem behaviors: Designing positive behavior plans* (pp. 359-390). New York: Guilford Press.

Hyson, M. (2004). *The emotional development of young children* (2nd ed.). New York: Teachers College Press.

Joseph, G. E., & Strain, P. S. (2003). Comprehensive evidence-based social-emotional curricula for young children: An analysis of efficacious adoption potential. *Topics in Early Childhood Special Education, 23*(2), 65-76.

LaRocque, M., Brown, S. E., & Johnson, K. L. (2001). Functional behavioral assessment and intervention plans in early intervention settings. *Infants and Young Children, 13*, 59-68.

Lawry, J., Danko, C., & Strain, P. (1999). Examining the role of the classroom environment in the prevention of problem behaviors. In S. Sandall & M. Ostrosky (Eds.), *Young exceptional children: Practical ideas for addressing challenging behaviors* (pp. 49-62). Longmont, CO: Sopris West and Denver, CO: DEC.

National Research Council (2001). *Eager to learn: Educating our preschoolers.* Committee on Early Childhood Pedagogy, Commission on Behavioral and Social Sciences and Education. In B. T. Bowman, M. S. Donovan & M. S. Burns (Eds.), Washington, DC: National Academy Press.

Nelson, J. R., Martella, R. M., & Marchand-Martella, N. M. (2002). Maximizing student learning: The effects of a comprehensive school-based program for preventing problem behaviors. *Journal of Emotional and Behavioral Disorders, 10*(3), 136-148.

NICHD Early Child Care Research Network (1999, July). Child outcomes when child care center classes meet recommended standards for quality. *American Journal of Public Health, 89*(7), 1072-1077.

Qi, C. H., & Kaiser, A. P. (2003). Behavior problems of preschool children from low-income families: Review of the literature. *Topics in Early Childhood Special Education, 23*(4), 188-216.

Shaw, D., Gilliom, M., Giovannelli, J. (2000). Aggressive behavior disorders. In C. H. Zeanah (Ed.), *Handbook of infant mental health* (pp. 397-411). New York: Guilford Press.

Sugai, G., Sprague, J. R., Horner, R. H., & Walker, H. M. (2000). Preventing school violence: The use of office discipline to assess a monitor schoold-wide discipline interventions. *Journal of Emotional and Behavioral Disorders, 8*(2), 94-101.

Strain, P., & Hemmeter, M. L. (1999). Keys to being successful. In S. Sandall & M. Ostrosky (Eds.), *Young exceptional children: Practical ideas for addressing challenging behaviors* (pp. 17-28). Longmont, CO: Sopris West and Denver, CO: DEC.

Webster-Stratton, C. (1999). *How to promote children's social and emotional competence*. London: Paul Chapman.

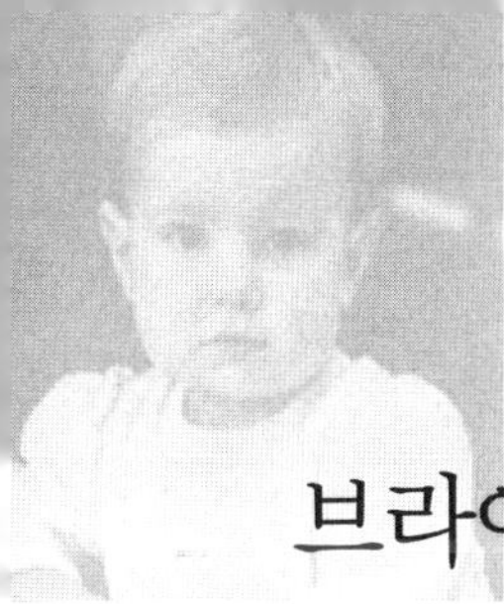

브라이스와 책 읽기

중증의 중복장애 아동을 위한 가정에서의 우정 형성과 사회적 기회

Kimberly A. Christensen, M.Ed., Bowling Green State University

브라이스의 집에는 날마다 친구들이 방문한다. 친구들은 혼자 오는 경우도 있고 여럿이 오는 경우도 있다. 어떤 아이들은 조용하고 말 수가 적은 편이며, 어떤 아이들은 잘 웃고 활동적이다. 방문 시 자신의 특별한 책을 가져오는 아이도 있지만, 대부분의 아이들은 브라이스의 집에 있는 그림책, 이야기책, 음악이 있는 책들 중에서 원하는 것을 선택한다. 아이들은 브라이스 옆에 앉아 브라이스에게 인사하고 책을 읽기 시작한다. 친구가 책을 읽으면 브라이스는 싱긋이 웃기도 하고 팔을 흔들기도 한다. 친구는 책을 읽다가 잠시 멈추고 브라이스가 그림을 볼 수 있도록 배려한다. 이때 브라이스는 그림을 보거나 다른 곳을 바라보곤 한다. 이것은 하루에 두 번 30분씩 브라이스의 집에서 함께 책을 읽는 친구들의 이야기다.

장애의 유무를 떠나서, 모든 아동은 친구가 필요하다. 유아기의 학습은 사회적 상호작용의 맥락 내에서 빈번하게 일어난다. 유아 프로그램은 인지 발달 외에 사회적 · 정서적 능력에도 반드시 관심을 기울여야 한다(National Scientific Council on the Developing Child, 2004). 유아교육 및 보육 환경뿐 아니라 가정과 지역사회에서 또래와 상호작용하는 기회는 아동 발달에 중요한 환경이 된다. 중복장애를 가진 아동의 경우, 아동의 참여, 사회적 상호작용, 의사소통 등을 촉진하기 위한 목적으로 또래 관계를 지원하는 환경을 만드는 것은 전적으로 성인에게 달려 있다. DEC 추천 실제에 따르면, 교사와 부모는 아동이 또래와 함께할 수 있는 기회를 제공해야 하며, 또래는 모델로서 활동하고, 성인은 반응적이며 모방적이어야 한다(Sandall, Hemmeter, Smith, & McLean, 2005). 이 논문에서는 또래가 봉사자로서 책을 읽어 주는 프로그램을 소개하는데, 이는 중증의 중복장애를 가진 아동의 가정에서 친구 사귀기와 사회생활의 기회를 증진하는 프로그램이다. 이 논문의 저자이기도 한 브라이스의 어머니가 이 프로그램을 소개한다.

브라이스는 내 아들이다. 브라이스는 생후 18개월에 익사 사고를 당하고 난 뒤부터 중증의 중복장애를 가지게 되었다. 브라이스가 소아 중환자실에 세 달간 입원하였을 때 담당 의사는 브라이스의 재활 가능성이 매우 낮다고 말했다. 병원에서 퇴원할 즈음 브라이스는 기능적으로 혼수상태였으며 전혀 반응이 없었다. 그럼에도 의사들이 브라이스의 생명을 구하였고, 이제부터 브라이스의 가치 있는 삶을 만드는 것은 가족의 몫이라고 우리는 생각했다. 22개월이 된 브라이스를 병원에서 집으로 데려오면서 우리의 첫 번째 목표는 종합적인 프로그램을 개발하는 것이었다. 우리는 브라이스의 시력, 청력, 촉각을 자극하여 브라이스가 자신의 환경과 주위 사람들에게 반응하도록 돕는 프로그램을 계획하였다. 프로그램의 한 가지 요소가 원래의 목표에서 더욱 진화하였는데, 이는 브라이스가 가정에서 또래와 의미 있는 상호작용을 할 수 있도록 구조화된 기회를 제공하는 것이었다.

이론적 근거

장애가 있는 아동이 다니는 학교 및 기타 기관에서의 교우 관계와 사회적 기회에 대한 연구는 상당히 많이 이루어졌다(Bishop & Jubala, 1994; Evans, Salisbury, Palombaro, Berryman, & Hollowood, 1992; Guralnick, 1999; Hendrickson, Shokoohi-Yekta, Hamre-Nietupski, & Gable, 1996; Hollingsworth, 2005). 여러 가지 프로그램과 활동, 예컨대 또래 집단(Forest & Lusthaus, 1989), 특별한 친구(Cole, Vandercook, & Rynders, 1988), 맥길 활동 계획 체계(Vandercook, York, & Forest, 1989), 창의적 문제해결(Giangreco, Cloninger, Dennis, & Edelman, 2000) 등에서 장애가 있는 학생의 통합을 지원하는 전략을 설명하였다. 가정이나 이웃에서의 또래 관계 및 상호작용을 조사한 연구는 많지 않은데, 중증의 인지장애를 가진 아동이 가

정에서 또래와 제한된 사회적 상호작용을 하는 경향이 있음이 연구에서 밝혀졌다(Geisthardt, Brotherson, & Cook, 2002). Geisthardt와 동료들은 부모들이 장애가 있는 자녀가 또래와 상호작용하는 기회를 가지기를 원하면서도(Strully & Strully, 1985), 자녀가 의미 있는 교우 관계를 맺지 못할 것이라고 여기며 스스로 체념하는 경향이 있다고 보고하였다. 이들에 따르면, 부모가 또래와의 상호작용을 촉진할 수 있도록 지원하는 데는 교육자와 관리자의 역할이 중요하다. 또한 비장애 학생을 또래 도우미로 효율적으로 이용하는 것도 여러 연구에서 보고되었다(Hughes et al., 1999; Mastropieri & Scruggs, 2007; Staub & Hunt, 1993). 이러한 프로그램들은 장애가 있는 아동과 상호작용하기를 자발적으로 선택한 비장애 또래를 훈련하고 감독할 때 구조화된 체계적인 접근을 하였다. 가정에서 중증장애를 가진 아동과 비장애 또래 사이의 교우 관계를 지원하는 것 또한 조직적이며 체계적인 접근을 필요로 한다.

중복장애를 가진 아동을 위하여 가정에서 교우 관계 및 사회적 기회를 촉진하는 프로그램은 부모의 참여, 구조화된 사회적 상호작용, 교육자와 관리자의 지원 등이 필요하다. 이 논문의 나머지 부분에서는 또래-읽기 자원봉사 프로그램(Peer-reading Volunteer Program)을 개발한 9단계를 설명하고, 사회적 상호작용 시 지원과 감독 전략을 포함한다. 여기서의 권고 사항은 또래-읽기 모형에 근거한 내용으로서, 한 아동의 가정에서 10년에 걸쳐 진행한 또래 150명과의 읽기 활동에서 발전된 것이다.

1단계: 아동의 교우 관계에 대하여 명확한 비전을 설정한다

첫 번째 단계는 교우 관계의 명확한 비전을 설정하는 것이다. 이는 ① 아동의 사회적 상호작용에 관한 부모의 장기 목표 설정, ② 사회적 상호작용의 형태에 대한 구체적인 설명, ③ 비전을 실제로 옮기기 위해 필요한 사항의 논의 등을 포함한다. 연구에 따르면, 장애를 가진 아동의 사회적 기회를 지원하는 데 부모가 결정적인 역할을 한다. 대부분의 경우, 자녀의 교우 관계를 성공적으로 촉진하는 부모는 자녀의 장애를 무조건적으로 수용하며, 비장애 아동과의 상호작용을 포함한 사회적 기회를 적극적으로 모색한다(Turnbull, Pereira, & Blue-Banning, 1999).

브라이스가 두 살이 되었을 때, 책 읽기 자원봉사 프로그램을 시작하기로 하였다. 우리 가족은 두 가지 목표를 염두에 두었다. 먼저, 브라이스에게 다른 유아의 목소리를 정기적으로 들려주면 브라이스가 반응할 것으로 믿었다. 다음으로, 지역사회가 브라이스의 존재를 인식하는 기회를 증진시키고자 하였다. 브라이스는 의료 기술에의 의존도가 높고 허약한 상태였기 때문에 집 밖 경험은 상당히 제한적이었다. 브라이스가 지역사회로 나가는 것이 용이하지 않다면 지역사회와 이웃이 집 안으로 들어오면 된다고 생각하였다. 처음에 브라이스는 주위에서 일어나는 일에 전혀 반응이 없었다. 심지어 아이들이 집에 와서 브라이스에게 책을 읽어 주어도 브라이스는 전혀 알아채지 못했다. 그럼에도 우리는 브라이스가 지금-여기에 존재하고 있으며, 지역사회의 한 구성원이라는 사실을 아이들에게 알리고자 하였다.

2단계: 적합한 또래를 찾기 위해 지역사회 기관을 확인한다

많은 학교 시스템과 청소년 중심의 집단에서는 사회적 책임감과 훌륭한 시민교육을 함양하기 위한 자원봉사제도를 중요하게 여기고 있다. 그래서 자원봉사를 할 수 있는 기반시설을 구축하고, 자원봉사 일정을 계획하며, 행정적인 지원을 제공하고 있다. 지역사회 기관에 접촉하기 전에, 자원봉사 프로그램의 대략적인 계획서를 작성한다. 계획서의 내용은 융통성 있게 만들어서 기관에서 제안하는 것을 고려할 수 있도록 한다.

우리는 지역 학교 시스템에서 학령기 아동에게 자원봉사의 기회를 제공하고 권장하려는 의지를 가지고 있음을 발견하였다. 지역 학교 시스템에서는 퇴임한 학교 사서가 시간제 자원봉사 코디네이터로서 자원봉사 프로그램을 운영하고 있었다. 우리는 코디네이터에게 연락하여 책 읽어 주기 프로그램에 대한 아이디어를 제안하였다.

3단계: 프로그램의 구성을 결정한다

연구에 따르면, 장애가 있는 아동과 비장애 아동 간의 사회적 상호작용을 촉진하려면 구조화된 접근이 필요하다(Downing, 2002; Salisbury, Gallucci, Palombaro, & Peck, 1995; Hollingsworth, 2005). 가정에서 사회적 기회를 지속적으로 촉진하는 것 또한 체계적으로 철저하게 준비되어야 한다. 책 읽기 자원봉사 프로그램은 또래 참여자에게 명확하게 임무를 설명함으로써 이러한 체계를 제공한다. 또한 또래 자원자가 정기적으로 임무를 수행하도록 프로그램이 설계되므로 지속적인 상호작용이 유지된다. 프로그램을 구성할 때 고려해야 할 요소는 ① 또래의 방문 횟수, ② 상호작용의 소요 시간, ③ 또래의 연령 범위, ④ 1회 방문 시 또래의 수, ⑤ 방문 장소(예: 가정, 지역사회 장소) 등이다.

자원봉사 코디네이터는 초등학생을 활용할 것을 제안하였다. 초등학생은 상대적으로 자원봉사의 기회가 덜 주어지고, 집 인근에 초등학교 두 곳이 있기 때문에 아이들이 자전거를 타거나 걸어서 우리 집을 방문할 수 있다고 코디네이터는 설명하였다. 저녁

7시에 또래가 우리 집에 오는 것으로 프로그램을 계획하였다. 또래가 집에 도착하면, 일대일 또는 2인 1조로 또래가 브라이스에게 30분간 책을 읽어 주는 것으로 계획하였다. 초등학교 두 곳의 3~6학년 아동을 대상으로 가정에 편지를 보냈다. 편지에서 프로그램의 목적과 내용을 밝히고, 브라이스를 소개하며, 그가 가진 특별한 요구도 설명하였다. 자원봉사 코디네이터는 각 학교의 자원봉사 담당자로부터 응답지를 수거하여 기본 일정을 짰다. 읽기 프로그램에 자원한 학생 수는 놀라울 정도로 많았다. 그중에는 읽기 능력이 뛰어난 아동도 있었지만, 자신의 읽기 기술을 향상시키고자 프로그램에 참여하는 아동도 있었다. 읽기 수준에 상관없이 모든 아동이 최선을 다하여 브라이스에게 책을 읽어 주었다.

4단계: 가족 및 전문가의 역할을 논의한다

가족과 일하는 전문가(교육자/관리자)는 가족에게 아동이 가정에서 교우 관계를 형성할 때의 장점과 이러한 또래 관계를 촉진할 때 따르는 어려움 또한 이해시켜야 한다(Geisthardt et al., 2002). 각 가정마다 독특한 상황을 가지고 있다. 각 가정의 관심사와 강점에 따라 부모는 아동의 놀이 기회를 촉진하는 역할을 맡거나 타인의 도움을 필요로 할 수 있다. 예컨대, 가족은 또래 자원자들을 찾고 자원자들을 조직하는 데 도움이 필요할 수 있으며, 학교에서 정기적으로 프로그램을 촉진할 때 지원을 필요로 할 수 있다. 가정 중심의 또래

프로그램이 효과를 거두려면 부모와 전문가뿐 아니라 지역사회 구성원 중 또래 프로그램을 촉진할 수 있는 사람들의 노력이 필요하다(Turnbull et al., 1999). 부모와 전문가가 실제로 어느 정도 참여해야 하는가에 대해 솔직하게 논의하는 것이 가정 중심의 읽기 프로그램의 성공을 보장한다.

우리 가족은 이 프로그램이 브라이스의 발달적 진전에 도움이 될 것이라는 믿음이 있었기에 프로그램의 개발과 실행에 최선을 다하고자 하였다. 이러한 책임감은 브라이스의 비장애 형제들과의 놀이를 계획하는 것과 다르지 않았다. 그래도 자원봉사 코디네이터가 행정적 지원을 제공하겠다고 했을 때 그 제안을 기쁘게 받아들였다. 브라이스가 수개월간 병원에 있다가 집에 돌아온 지 얼마 되지 않았고, 브라이스를 의료적으로 돌보는 것이 쉽지 않았기 때문이다.

이 자원봉사 프로그램의 성공은 지역 학교 시스템의 관리자와 교사의 지원 및 격려와 직접적으로 연관되어 있다. 이 프로그램은 재정적 지원을 받는 코디네이터가 도와주고, 관리자, 교직원, 지역사회의 부모들이 자원봉사에 열심히 임해 주었기에 성공하였다. 처음부터 자원봉사 코디네이터는 자원봉사를 요청하는 편지를 배포하고, 응답지를 수거하며, 기본 일정을 짜는 등의 모든 서류 작업을 하였다. 인근 초등학교 두 곳의 관리자와 교사들은 아동들에게 자원할 것을 격려하고, 참여하는 아동들을 공식적으로 칭찬하였다. 바로 이러한 전문가의 지원과 지도가 프로그램 성공의 열쇠였다.

5단계: 아동에 관한 정보를 제공하는 오리엔테이션을 실시한다

성공적인 사회적 상호작용 프로그램의 한 가지 특성은 또래 봉사자 훈련인데, 훈련의 일부로 중증장애 아동에 관한 정보를 제공한다. 예를 들면, 아동의 의사소통 행동과 보조도구에 관한 정보를 들 수 있다(Hunt, Alwel, Farron-Davis, & Goetz, 1996; Staub & Hunt, 1993). 읽기 자원봉사 프로그램에 참여하는 또래 오리엔테이션은 집단으로 이루어질 수도 있고, 또래가 처음 방문하였을 때 일대일로 이루어질 수도 있다. 아동의 강점과 흥미, 의사소통 행동, 의료 기구, 보조 도구 등에 관한 정보를 공유하는 것이 훈련의 초점이 되어야 한다. 오리엔테이션 중에는 아동에게 읽어 주는 전략에 대해 시범을 보일 수 있다. 추가적으로, 또래가 자유롭게 질문하고, 염려 사항이 있으면 이를 자유롭게 표현할 수 있게 해야 한다. 긍정적인 사회적 상호작용을 촉진하기 위하여 부모는 가정에서 감독하고, 추가적인 정보를 상시적으로 제공한다.

아이들이 우리 집을 처음 방문하면, 먼저 오리엔테이션을 실시한다. 어떤 아동은 자신의 부모와 함께 있고 싶어 하기 때문에, 우리는 항상 부모를 환영한다는 점을 명확하게 전달한다. 우리는 브라이스와 함께 환경을 소개한다. 원래 거실이었던 공간을 브라이스의 방으로 만들었다. 방은 밝고 환하게 꾸몄으며, 장난감으로 가득 채웠고,

의료 장비도 감추지 않고 드러내 놓았다. 브라이스는 호흡을 위한 기관절개관(tracheostomy tube)을 사용하고 신체 교정기를 한 채 휠체어에 앉아 있다. 브라이스가 호흡하려면 특별한 배출구를 필요로 하는데, 이 열배출필터 코(thermovent filter nose)가 기관절개관에 어떻게 부착되어 있는지를 또래에게 설명한다. 브라이스가 착용하고 있는 '코'는 또래의 코와 마찬가지로 방 안 공기를 여과하고 수분을 공급하는 작용을 하며, 만약에 그 코가 낡으면 새 것으로 교체한다고 설명한다. 방 안에 있는 의료 장비에 대해 간단하게 설명한 뒤에는 더 이상의 설명을 하지 않고 기다려 본다. 여러 가지 질문을 하는 아동도 있지만, 대부분의 아동은 처음에는 그다지 질문을 하지 않는다. 우리는 아동에게 질문이 있으면 언제든지 하라고 말하며, 어떤 질문이든 소중하다는 사실을 확인시킨다. 그리고 어른이 항상 방에 있을 것이라는 점을 강조한다.

다음으로, 브라이스에게 책을 읽어 줄 때 사용하는 전략을 몇 분 동안 논의한다. 브라이스가 항상 주의를 집중하지는 않기 때문에, 브라이스가 그림을 볼 수 있게 책을 앞에서 들고 있는 자세를 시범 보인다. 브라이스가 주위를 파악하기 위해 청력을 사용한다는 것을 설명한 뒤, 브라이스가 책 읽기에 참여하도록 여러 가지 소리를 이용하는 방법을 보여 준다. 책의 감촉이 색다르다면, 브라이스의 손을 책에 올려 주고 브라이스가 만지는 것을 설명해 줄 것을 제안한다. 브라이스가 기분이 좋을 때 웃으며 팔을 움직이는 것으로 의사소통한다는 것도 알려 준다. 같은 시간에 한 명 이상의 아동이 방문한다면 브라이스가 지나친 소음 때문에 혼란스러울 수 있으므로, 각 아동이 순서를 정해 한 명이 책을 읽으면 다른 아동은 듣는 식으로 책을 읽을 것을 제안한다. 또래가 준비가 되면 읽기를 시작하고, 우리는 뒤로 물러서서 브라이스와 아동이 서로 알아 가는 자연스러운 과정을 거치게 한다.

6단계: 아동과 또래 간의 사회적 상호작용을 감독하고 촉진한다

통합학급에서 장애가 있는 학생과 비장애 학생 간의 사회적 상호작용은 교사의 직접적인 중재를 통해 가장 성공적으로 이루어진다(Hollingsworth, 2005; Odom & Brown, 1993). 가정에서는 부모가 바로 이러한 역할을 해야 하는데, 부모는 전략을 시범 보이고 피드백을 제공하는 등 자녀와 또래 간의 상호작용을 적극적으로 촉진해야 한다(Rosenberg & Boulware, 2005). 사회적 상호작용 중에 지원과 감독을 제공하는 전략은 ① 강점에 근거한 방식으로 아동 및 아동의 환경을 소개하기, ② 아동의 흥미와 아동이 선호하는 감각 양식을 강조하기, ③ 아동의 의사소통적 의도를 해석하기, ④ 또래-아동의 상호작용을 지원하기, ⑤ 또래에게 피드백을 제공하기 등이다.

가족이 아동의 강점에 근거한 방식으로 중복장애를 가진 아동을 소개하면, 또래는 장애를 아동 자체로 보는 것이 아니라 장애를 하나의 특성으로 이해하는 법을 배울 것이다(Snow, 2003). 예를 들면,

부모가 “브라이스는 청력이 좋단다. 그래서 책에서 소리가 나면 잘 웃어.”라고 말하며, 아동이 지닌 기술과 흥미를 강조한다. 또래가 아동의 장애에 대해 물어보면 간략하고 솔직하게 응답해 주어야 한다. 예를 들면, “이것은 브라이스의 열배출필터 ‘코’란다. 이 코가 기관절개관에 끼워져 있는데, 너의 코와 마찬가지로 호흡할 때 공기가 지나가고 수분이 공급된단다.”라고 말해 준다. 아동과 또래 사이의 유사점을 강조하는 것도 도움이 된다(예: “네가 좋아하는 책을 가져왔구나. 브라이스도 이 책을 무척 좋아해.”). 아동의 옷을 또래와 비슷하게 입히는 것도 필요하다. 또한 상호작용이 일어나는 물리적 환경을 밝고 친화적으로 꾸미는 것도 중요하다. 아동들이 좋아하는 책을 구비하고, 보조 장난감을 다양하게 준비하여 포근하면서 환영하는 환경을 만든다.

장애 아동의 흥미와 선호하는 감각 양식을 강조함으로써 읽기 경험은 또래 친구와 장애 아동 모두에게 더욱 유의미해진다(Korsten, Dunn, Foss, & Francke, 1993). 아동이 좋아하는 책을 또래가 선택할 수 있도록 부모가 도움을 줄 수 있다. 예컨대, 소리가 나는 책을 선호하는 아동이 있는가 하면, 반복되는 표현이 있는 책을 좋아하는 아동도 있으며, 색깔이 선명한 그림, 깜박이는 빛, 동반된 소품이 있는 책에 높은 관심을 보이는 아동도 있다. 촉각적 감각을 선호하는 아동의 경우, 직접 아동의 손을 책에 올려 종이의 독특한 감촉을 느껴 보거나 긁어 보게 한다. 후각적 경험을 즐기는 아동은 직접 책의 냄새를 맡게 하는 방법을 또래에게 알려 준다. 읽기 상호작용을 위한 장소는 다른 환경적 자극으로부터 자유로워야 한다. 과도하게 자극받기 쉬운 아동의 경우, 관련 없는 대화는 줄이고, 텔레비전을 끄며, 사람들이 들락거리는 장소를 피하는 것이 특히 중요하다.

아동의 의사소통적 의도를 이해함으로써 비언어적인 의사소통을 하는 아동과 또래 간에 상호작용의 성공률을 높일 수 있다(Downing, 2002). 이와 같은 과정은 어른이 아동에게 또래-읽기 활동을 알리기 위해 일관된 단서를 제공하는 것으로 시작된다. 아동이 선호하는 감각 양식(청각, 시각, 촉각)에 따라 단서를 선택한다. 예를 들어, 청각적 단서는 아동의 이름을 부르는 것으로 시작하여 과장된 억양으로 간단한 말을 하는 것이고, 시각적 단서는 제스처나 책의 중요 단어를 기호로 표현하여 사용하는 것이다(Klein, Chen, & Haney, 2000). 아동에게 단서를 제공하는 것 외에 또래에게도 경험을 설명해 주는 것이 중요하다. 비언어적인 의사소통을 하는 아동이 의사소통하기 위해 어떻게 신체를 이용하는지, 예컨대 감정, 신체 움직임, 시선이 어떻게 바뀌는지에 대해 설명해 준다(Korsten et al., 1993). 예를 들면, "브라이스, 무척 크게 웃네. 네가 이 이야기를 얼마나 좋아하는지 알겠어."라고 말해 준다.

성인이 또래-아동의 상호작용을 지원하는 가장 좋은 방법은 또래-성인보다 또래-아동에게 초점을 맞추는 것이다. 아동이 비언어적 의사소통을 하는 경우는 또래와 성인 간에만 상호작용이 일어나기 쉽다. 그러므로 대화와 활동이 일어날 때마다 아동이 참여하게 만들고, 동시에 또래에게 상호작용 기술을 가르친다(Downing, 1999). 예를 들면, 또래가 선택한 두 권의 책 중 한 가지를 아동이 선택하게 하는 방법을 지도할 때, ① 아동 앞에서 두 권의 책을 따로 들고, ② 제목을 말하고, ③ 기다리며 마음속으로 10까지 천천히 세고, ④ 아동의 신체적 반응 행동, 즉 감정이나 팔 움직임의 변화를 관찰하고, ⑤ 아동이 긍정적인 방식으로 반응한 책을 읽어 줌으로써 아동의 의사소통적 의도를 존중한다. 또래가 아동의 반응과 의사소통 시도를 알아챌 때마다 또래에게 강화를 제공한다. 읽기 활동에서 아동이 좀 더 적극적인 역할을 할 수 있도록 보조공학을 이용할 수 있다(Downing, 2002). 선택된 책의 본문을 의사소통 도구에 미리 녹음하여 아동이 스위치를 눌러 스스로 작동할 수 있게 한다. 이렇게 하면 아동과 또래는 교대로 책을 읽을 수 있다. 마찬가지로, 책을 읽어 달라고 요청하는 간단한 말을 의사소통 도구에 녹음한다. 아동이 또래에게 책을 읽어 달라고 요청할 때 아동이 도구를 작동하게 한다. 또래가 아동에게 책을 읽어 주기를 원하는지 물어본 뒤에 아동이 의사소통 도구를 만질 때까지 기다리는 과정을 또래에게 가르친다. 의사소통 도구에서 나오는 목소리는 아동의 성별 및 연령과 같아야 한다.

사회적 상호작용을 지원하기 위해 성인이 사용할 수 있는 마지막 전략은 또래에게 피드백을 제공하는 것이다(Mastropieri & Scruggs, 2007). 아동이 또래에게 독특한 방법으로 반응할 때, 이를 가리키며 또래가 아동의 반응을 인지하였는지 여부를 물어본다. 또한 아동과의 상호작용에서 또래가 새롭게 배운 내용을 공유하도록 격려하며, 또래가 매우 잘하고 있다고 성인이 긍정적으로 지지해 준다. 또래와 아동이 특별히 효과적인 방법으로 상호작용할 때 이를 성인이 관찰하여 구체적인 피드백을 주는 것이 가장 유용하다. 마찬가지로 또래에게 혼란스러운 상황이 발생하면, 가능한 한 간단하고 솔직하게 설명해 주어야 한다.

프로그램을 실시한 첫해 동안 브라이스는 반응이 없었다. 그래서 아동들과 만나서, 브라이스가 우리의 목소리를 듣거나 자신이 좋아하는 그림책을 읽어 주는 것을 좋아할 것으로 우리는 믿고 있다고 말했다. 두 번째 해부터 브라이스는 항상 분명한 목적을 가지고 하는 것은 아니더라도 웃고 울고 하였다. 가끔 브라이스는 이유를 알 수 없는 울음을 터뜨렸다. 이때 또래에게 브라이스가 우는 것은 또래의 책 읽기와는 무관하다는 점을 알렸다. 또래는 안심하면서 성인이 브라이스의 얼굴을 쓰다듬는 동안 계속해서 책을 읽었다. 나중에는 또래가 손을 뻗어 브라이스의 손을 따뜻하게 쓰다듬는 모습을 여러 차례 목격하였다. 점차로 우리는 브라이스의 미세한 발전을 인지할 수 있었다. 브라이스는 좀 더 반응적이 되었으며, 적절한 시기에 웃고 울었다. 우리가 브라이스의 단서와 신호를 더 많이 이해함에 따라 또래에게 이를 설명하였다. 브라이스가 얼굴 표정의 변화로 감정을 전달하고, 팔의 움직임을 크게 하여 의사소통하는 것을 또래에게 알려 주었다. 한 소년이 브라이스를 처음 방문한 날, 우리는 소년에게 브라이스가 책을 선택하도록 돕는 방법을 설명했는데, 이 소년은 매우 진지하게 브라이스에게 선택권을 주려는 노력을 하였다. 소년과 브라이스를 방에 남겨 둔 채 우리가 귀를 기울이고 있는데, 소년의 책 읽는 소리가 전혀 들리지 않았다. 그로부터 2~3분 후에 그들에게 다가갔을 때, 소년은 곤혹스러운 표정으로 우리를 바라보았다. 소년은 매우 진지하게 "나는 기다리고 있어요. 그런데 브라이스가 팔과 얼굴로 아직 말을 하지 않아요."라고 하였다. 우리는 소년에게 브라이스가 항상 선택하지는 않으며, 대개의 경우 "내가 이 책을 좋아하니까 이 책을 읽어 줄게."라고 브라이스에게 말한 뒤에 책을 읽어 준다고 설명하였다. 이와 같은 사건은 우리 모두에게 하나의 학습 경험이 되었다.

7단계: 또래 및 또래 가족과의 의사소통 계획을 실시한다

의사소통 계획은 자원봉사 프로그램이 아동과 또래 가족의 요구에 민감하게 반응하고, 효과적이라는 사실을 보증한다. 기본 일정표를 알고 있는 것이 중요하며, 모든 사람이 일정표를 가지고 있어야 한다. 일정과 관련하여 아동과 또래의 연락처가 반드시 있어야 하고, 아프거나 스케줄에 문제가 생겼을 때 취소하는 방법에 대한 정보가 있어야 한다. 또한 자원봉사 시간을 기록하기 위해 서명하는 양식을 제공한다.

우리는 집에 서명 용지를 비치하는데, 이 용지가 일지의 역할도 하여서 또래들이 서로 의사소통하는 데 사용된다. 때로는 또래가 읽은 책에 관하여 의견을 남기기도 하고, 때로는 사회적 대화를 위해 글을 남긴다. 비치한 서명 용지가 메시지로 너무 복잡해지는 바람에 고리형 단어 카드지를 제공하여 또래들이 메시지를 쓰게 하였다. 또래가 메시지를 읽고 웃으면, 브라이스도 따라 웃었다.

8단계: 또래-책 읽기 프로그램을 장려하고, 홍보하며, 발전시켜 나간다

자원봉사의 노력은 그 노력을 장려하고 널리 알리며 가꾸면 더욱 발전한다. 세부적인 것에서 개인과 기관의 기여를 인정하고 지지하는 것이 가장 좋다. 예를 들면, ① 크리스마스나 부활절에 또래에게 작은 선물하기, ② 자원봉사자를 제공하는 기관에 책 기부하기, ③ 지역 학교/지역사회 행사에서 또래 표창하기 등을 통하여 자원봉사자들에게 감사의 마음을 전한다. 지역의 대중매체와 접촉하여 읽기 자원봉사 프로그램의 언론 보도를 추진하는 것도 한 가지 홍보 방법이다. 이러한 홍보는 기존의 참여자에게 보상이 되며, 새로운 참여자를 모집하는 데 효과적이다.

> 우리는 자원봉사 프로그램이 매년 성장하며 발전하고 있다고 믿는다. 왜냐하면 우리가 프로그램을 잘 가꾸고 참여자들을 잘 돌보기 때문이다. 우리는 정기적으로 참여하는 아동들에게 작은 선물(예: 사탕, 아이스크림 상품권)을 준다. 또래와 브라이스가 함께 찍은 사진으로 자석을 만들어 또래가 학교 사물함이나 냉장고에 붙일 수 있게 한다. 브라이스에게 책을 읽어 주는 아동들에 대한 답례로, 우리는 매년 두 초등학교의 도서관에 책을 기부한다. 또한 학교 관리자에게 봉사자 명단과 프로그램에서 성취한 주요 내용을 담은 편지를 보낸다. 지난 수년간 자원봉사 읽기 프로그램은 여러 지역신문에서 기

사화되었으며, 공영방송국의 아동 대상 프로그램에서도 방영되었다. 홍보는 물론이고, 우리는 아동들이 보상이나 인정을 받는 것과 상관없이 브라이스에게 책을 읽어 주기를 선택한다고 확신한다. 또래가 읽어 주는 책을 브라이스가 얼마나 좋아하는지, 그리고 또래와 쌓는 우정을 그가 얼마나 소중히 여기는지를 브라이스의 미소가 증명하고 있다.

9단계: 프로그램의 성과를 평가한다

프로그램의 성과를 평가하는 방법은 여러 가지가 있겠지만, 우선 아동, 가족, 또래에게 미친 긍정적인 영향을 살펴본다. 첫째, 프로그램의 초점이 아동에게 있으므로, 평가 체계는 사회적 기회에 대한 아동의 반응을 기록해야 한다. 가족이 일지를 검토하고, 교사나 관리자와의 대화를 통해 충분히 숙고한다면, 또래와의 상호작용의 결과로서 아동에게 일어난 미묘한 변화를 확인할 수 있다. 또한 교육 프로그램의 장기 목표와 가정에서 실시한 읽기 프로그램에서 경험한 사회적 기회의 성과 사이에 연계를 구축할 수 있다.

둘째, 가족에게 미친 영향을 살펴보기 위해서는 프로그램의 성과와 문제점을 정기적으로 검토한다. 교사와 관리자는 이러한 노력에서 가족을 지원하는 역할을 맡을 수 있고, 또한 문제에 대한 해결책을 찾기 위한 브레인스토밍을 하는 역할을 할 수 있다.

마지막으로, 연간 자원봉사 횟수 및 시간을 기록하여 프로그램의 성과를 입증하거나 잠재적인 문제를 찾을 수 있다. 비형식적인 대화나 형식적인 설문지와 같은 방법으로 또래 만족도를 점검한다.

프로그램에서는 브라이스에게 청각적 · 시각적 자극을 위한 다양한 기회를 제공하는 것 외에, 브라이스가 의사소통 기술을 사용하도록 촉진한다. 예를 들면, 브라이스는 선호하는 활동을 더 하기를 원할 때 팔을 움직인다. 브라이스는 집에서 친구와 사회적 활동을 할 때 이 기술을 일반화한다. 무엇보다도 읽기 자원봉사 프로그램을 통해 브라이스는 또래와 상호작용할 수 있는 기회를 많이 갖게 되고, 또래는 마치 놀이 친구처럼 브라이스의 집을 방문한다. 브라이스에게 책을 읽어 주는 남녀 아동들은 각각 뚜렷한 개성을 갖고 있기 때문에, 브라이스는 서로 다른 상호작용 유형에 반응하는 방법을 배운다.

결 론

프로그램이 가진 장점과 상관없이 어려움이 따르지 않는 프로그램은 없다. 우리의 프로그램에서는 또래들이 하루에 두 차례씩 일주일에 여섯 번 방문한다. 브라이스와 또래 간 사회적 상호작용의 빈도와 질이 프로그램의 성공의 핵심이다. 그런데 프로그램의 가치를 드러내는 가장 두드러진 특징은 가족의 헌신이 필요하다는 점이다. 돌이켜 보면 또래들이 방문하는 날 중에 어떤 날은 무척이나 길게 느껴지고 한숨이 절로 나오는 때가 있었다. 그런데 브라이스의 형제의 친

구들이 놀러왔을 때도 이와 비슷한 날들이 있었음을 우리는 깨달았다. 메시지는 동일하다. 장애가 있든 없든, 모든 아동은 친구를 필요로 한다. 부모로서 우리는 이를 자녀 양육의 책임으로 수용한다.

읽기 자원봉사 프로그램은 10년간 지속되었다. 예상한 대로, 자원봉사를 시작한 아동 전원이 10년간 열심히 활동한 것은 아니다. 다른 활동과 겹치거나 흥미가 떨어진 아동은 중도에 포기하였다. 지금까지 150명 이상의 아동이 우리 집에 초대되었다. 이들 모두는 우리 집에 읽기 봉사자로 왔다가 친구가 되어 떠났다. 프로그램의 성과는 참여한 아동들의 입을 통해서도 알 수 있다. 또래들은 브라이스가 자신과 어떻게 다른지 인식하기도 하였지만, 자신과의 유사성에 대해서도 언급하였다. 예컨대, 한 소년은 "브라이스, 나도 너랑 똑같은 축구 셔츠가 있어."라고 외쳤다. 저스틴은 자신이 참여하는 영재 아동 프로그램에서 수행하는 연구 프로젝트를 브라이스를 대상으로 하는 것에 대해 허락을 구했다. 다음은 저스틴이 쓴 내용이다.

처음에 브라이스에게 책을 읽어 주기로 하였을 때, 많은 아이들이 '불쌍한 아이니까 내가 도와줘야 해.'라고 생각하였다. 브라이스가 가진 장애가 아니라 브라이스 자체를 보는 데까지는 시간이 많이 걸렸다. 그러나 시간이 흐르면서 우리는 장애를 가진 사람들과 우리 사이에 차이점보다는 유사점이 더 많다는 것을 깨닫기 시작했다. 그리고 많은 봉사자들이 브라이스에게 책을 읽어 주는 것뿐만 아니라 브라이스와 시간을 보내는 일 자체를 즐기고 기다리게 되었다. 나는 일 년 이상 브라이스에게 책을 읽어 주고 있으며, 이 일을 정말로 즐긴다. 브라이스의 집을 방문하여 그를 만나서, 내가 노래를 불러 주거나 브라이스의 컵을 의도적으로 넘어뜨렸을 때 브라이스가 웃는 것을 보는 것이 너무나 즐겁다. 브라이스처럼 성격이 좋은 아이와 함께 시간을 보낼 수 있어서 나는 참 좋다. 브라이스와의 시간은 내게 삶을 변화시키는 경험이었다.

우리 프로그램의 특별함은 바로 아동들이 장애를 가진 사람들과 자신들 간에 차이점보다 유사점을 발견하게 되고, 인간의 독특성을 올바르게 인식하는 것을 배운다는 점이다. 이 프로그램을 가장 잘 요약하는 예를 들자면, 아담에게 왜 브라이스에게 책을 읽어 주느냐고 물었을 때, 아담은 "내가 브라이스에게 책을 읽어 주면, 나중에 브라이스가 어른이 되어서 자기 아이들에게 책을 읽어 줄 거니까요."라고 답하였다. 아담은 브라이스의 장애보다 브라이스 자체를 보고 있다. 아담은 브라이스를 친구라고 부른다.

주

Kimberley A. Christensen(kchris@bgsu.edu)

참고문헌

Bishop, K., & Jubala, K. (1994). By June, given shared experiences, integrated classes, and equal opportunities, Jaime will have a friend. *Teaching Exceptional Children, 27*(1), 36-40.

Cole, D. A., Vandercook, T., & Rynders, J. (1988). Comparison of two peer interaction programs: Children with and without severe disabilities. *American Educational Research Journal, 25*(3), 415-439.

Downing, J. E. (1999). *Teaching communication skills to students with severe disabilities.* Baltimore: Paul H. Brookes.

Downing, J. E. (2002). *Including students with severe and multiple disabilities in typical classrooms: Practical strategies for teachers* (2nd ed.). Baltimore: Paul H. Brookes.

Evans, I. M., Salisbury, C. L., Palombaro, M. M., Berryman, J., & Hollowood, T. M. (1992). Peer interactions and social acceptance of elementary-age children with severe disabilities in an inclusive school. *Journal of the Association for Persons with Severe Handicaps, 17*, 205-212.

Forest, M., & Lusthaus, E. (1989). Promoting educational equality for all students: Circles and maps. In S. Stainback, W. Stainback & M. Forest (Eds.), *Educating all students in the mainstream of regular education* (pp. 43-57). Baltimore: Paul H. Brookes.

Geisthardt, C. L., Brotherson, M. J., & Cook, C. C. (2002). Friendships of children with disabilities in the home environment. *Education and Training in Mental Retardation and Developmental Disabilities, 37*(3), 235-252.

Giangreco, M. F., Cloninger, C. J., Dennis, R. E., & Edelman, S. W. (2000). Problem-solving methods to facilitate inclusive education. In R. A. Villa & J. S. Thousand (Eds.), *Restructuring for caring and effective education: Piecing the puzzle together* (2nd ed., pp. 293-327). Baltimore: Paul H. Brookes.

Guralnick, M. J. (1999). The nature and meaning of social integration for young children with mild developmental delays in inclusive settings. *Journal of Early Intervention, 22*, 70-86.

Hendrickson, J. M., Shokoohi-Yekta, M., Hamre-Nietupski, S., & Gable, R. (1996). Middle and high school students' perceptions on being friends with peers with severe disabilities. *Exceptional Children, 63*, 19-28.

Hollingsworth, H. L. (2005). Interventions to promote peer social interactions in preschool settings. *Young Exceptional Children, 9*(1), 2-11.

Hughes, C., Guth, C., Hall, S., Presley, J., Dye, M., & Byers, C. (1999). They are my best friends: Peer buddies promote inclusion in high school. *Teaching Exceptional Children, 31*(5), 32-37.

Hunt, P., Alwell, M., Farron-Davis, F., & Goetz, L. (1996). Creating socially supportive environments for fully included students who experience multiple disabilities. *Journal of the Association for Persons with Severe Handicaps, 21*, 53-71.

Klein, M. D., Chen, D., & Haney, M. (2000). *Promoting learning through active interaction: A guide to early communication with young children who have multiple disabilities.* Baltimore: Paul H. Brookes.

Korsten, J. E., Dunn, D. K., Foss, T. V., & Francke, M. K. (1993).

Every move counts: *Sensory-based communication techniques*. San Antonio, TX: Therapy Skill Builders.

Mastropieri, M. A., & Scruggs, T. E. (2007). *The inclusive classroom: Strategies for effective instruction* (3rd ed.). Upper Saddle River, NJ: Pearson Education.

National Scientific Council on the Developing Child: Working Paper No. 2. (2004). *Children's emotional development is built into the architecture of their brain*. Retrieved February 25, 2006 from http://www.developingchild.net/reports.shtml

Odom, S. J., & Brown, W. H. (1993). Social interaction skills interventions for young children with disabilities in integrated settings. In C. A. Peck, S. L. Odom & D. D. Bricker (Eds.), *Integrating young children with disabilities into community programs: Ecological perspectives on research and implementations* (pp. 39-64). Baltimore: Paul H. Brooks.

Rosenberg, N., & Boulware, G. L. (2005). Playdates for young children with autism and other disabilities. *Young Exceptional Children, 8*(2), 11-20.

Salisbury, C., Gallucci, C., Palombaro, M. M., & Peck, C. A. (1995). Strategies that promote social relations among elementary students with and without severe disabilities in inclusive schools. *Exceptional Children, 62*, 125-137.

Sandall, S., Hemmeter, M. L., Smith, B. J., & McLean, M. E. (2005). *DEC recommended practices: A comprehensive guide for practical application in early intervention/early childhood special education*. Longmont, CO: Sopris West.

Snow, K. (2003). *People first language*. Retrieved February 25, 2006 from http://www.disabilitvisnatural.com

Staub, D., & Hunt, P. (1993). The effects of social interaction training on high school peer tutors of school-mates with severe disabilities. *Exceptional Children, 60*, 41–57.

Strully, J., & Strully, C. (1985). Friendships and our children. *Journal of the Association for Persons with Severe Handicaps, 10*, 224–227.

Turnbull, A. P., Pereira, L., & Blue-Banning, M. J. (1999). Parents' facilitation of friendships between their children with a disability and friends without a disability. *Journal of the Association for Persons with Severe Handicaps, 24*, 85–99.

Vandercook, T., York, J., & Forest, M. (1989). The McGill Action Planning System(MAPS): A strategy for building the vision. *Journal of the Association for Persons with Severe Handicaps, 14*, 205–215.

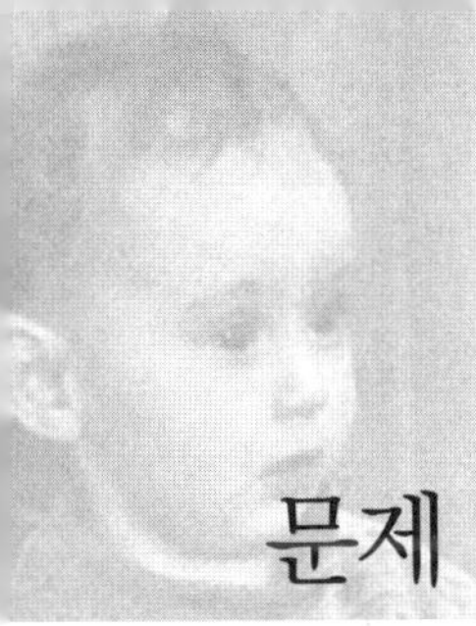

문제 행동에 대한 가족의 인식

효과적인 지원을 제공하는 전략

Amanda L. Tyrrell, M.Ed., University of Kansas
Rachel Freeman, Ph.D., University of Kansas
Cynthia R. Chambers, M.Ed., University of Kansas

장애가 있는 아동을 양육하는 것은 가족에게 다양한 보상을 주기도 하지만 여러 가지 어려움을 초래할 수 있다. 아동이 문제 행동을 보일 때 가족은 또 다른 스트레스에 직면하게 된다. 문제 행동은 아동에 따라 다양하게 나타나며, 부모와 형제뿐 아니라 가족 전체의 기능에 영향을 미칠 수 있다(Fox, Vaughn, Wyatte, & Dunlap, 2002). 아동은 여러 가지 방식으로 문제 행동을 보이며, 문제 행동의 강도 또한 매우 다양하다. 문제 행동은 여러 유형으로 나타날 수 있는데, 예를 들면 성질 부리기, 타인을 향한 공격성, 기물 파손과 같은 분열적 행동으로 나타나기도 하고, 사회적 위축이나 자기 자극과 같은 고립 행동으로 나타날 수도 있다(Bambara, 2005). 문제 행동은 그 강도가 어떻든 간에 가족에게는 매우 심각한 걱정거리가 될 수 있다.

Bambara(2005)의 주장에 따르면, 문제 행동은 아동과 아동을 둘러싼 시스템에 미치는 영향에 따라 정의된다. 아동과 아동의 가족,

유치원, 학교 또는 아동이 참여하는 지역사회 환경이 부분적으로 문제 행동의 구성 요소가 된다. 바꾸어 말하자면, 문제 행동은 그 행동이 일어나는 문화로 정의되며, 그 행동이 사회적 · 정서적 발달을 방해하는 것으로 문화에서 인식될 때 문제 행동이 된다. 전형적 발달을 보이는 아동도 특히 유아일 때 문제 행동을 보일 수 있지만, 문제 행동이 아동의 삶에 미치는 결과가 중요한 양상이 된다(Lucyshyn, Horner, Dunlap, Albin, & Ben, 2002). 문제 행동이 아동뿐 아니라 가족에게도 영향을 미친다는 점에서 문제 행동을 가족의 맥락에서 이해하는 것이 매우 중요하다. 전문가가 문제 행동을 이해하고 대처하기 위해서는 가족에게 초점을 맞추고 접근하는 것이 필수적이다(Lucyshyn et al., 2002). 아동이 왜 특정한 행동을 하는지 이해하기 위한 진단평가 과정의 핵심적인 요소는 문화적 관점에 대한 민감성을 지니는 것이다(Chen, Downing, & Peckham-Hardin, 2002; Salend & Taylor, 2002). 따라서 가족, 전문가, 지역사회 구성원이 협력하여 아동의 문제 행동을 예방하고 대처하는 전략을 함께 개발하는 팀 접근이 진단평가 및 중재 계획의 효율성을 높인다.

다학문적 팀을 효과적으로 촉진하는 전문가는 아동과 가족뿐 아니라 주위에서 이들을 돕는 사람들의 견해, 정서적 만족감, 문화적 배경에도 관심을 기울인다(Lucyshyn et al., 2002). 사실상 가족의 사회적 · 정서적 요구에 민감한 촉진자는 전체 가족의 삶의 질을 향상시키는 데 필요한 지원을 더욱 성공적으로 제공한다(Blue-Banning, Summers, Frankland, Nelson, & Beegle, 2004). 이 논문에서는 팀 중심의 전략 및 특성을 강조하는데, 이는 아동과 가족이 경험하는 사회적 · 정서적 이슈에 대해 팀이 좀 더 민감하게 반응하도록 돕는 것이다. 논문의 목적은 ① 아동의 문제 행동이 가족에게 미치는 영향을 설명하고, ② 가족에게 도움이 되는 것으로 밝혀진 지원에 대해 논의하며, ③ 문제 행동을 보이는 아동의 가족과의 협력을 촉진하는 데 효과적인 전략을 확인하는 것이다. 문제 행동을 보이는 아동에 대한 효과적인 지원 방향을 찾아냄으로써 가족 구성원 모두의 전반적인 삶의 질을 높일 수 있다.

문제 행동의 영향

전문가가 문제 행동에 대처하기 위한 목적으로 가족과 동반자 관계를 형성하고자 한다면, 문제 행동이 가족 체계에 미치는 영향은 물론이고, 아동과 가족이 참여하는 지역사회에 미치는 영향도 확실하게 이해해야 한다. 전문가가 가족 구성원의 관점에 민감하게 반응하고, 가족이 문제 행동을 어떻게 경험하는지에 대해 지식을 쌓는 것이 가족과 동반자 관계를 준비하는 데 도움이 된다. 여기서는 문제 행동에 대한 부모의 관점을 강조하는데, 이는 전체 가족(예: 부모, 형제, 조부모)뿐 아니라 아동과 가족이 참여하는 지역사회(예: 유치원, 보육시설, 학교, 시장, 지역사회 여가 프로그램, 종교 단체)와 연관되기 때문이다.

가족의 하위 체계에 미치는 영향

문제 행동은 가족 구성원, 즉 장애를 가진 아동, 부모, 형제, 확대 가족 등에게 상당한 영향을 지속적으로 미칠 수 있다(Fox, Vaughn, Dunlap, & Bucy, 1997). 아동이 문제 행동을 하면 그 결과에 따라 파생되는 어려움은 "하루 24시간, 일주일 내내 계속될 수 있으므로" (Fox et al., 2002), 가족의 생활양식은 급격하게 달라질 수 있다. 부모는 자녀를 지원하고 옹호해야 하는 부담감을 지속적으로 느끼는 것으로 보고된다(Turnbull & Ruef, 1996). 이러한 어려움으로 인해 가족이 참여하는 활동이 바뀌게 되며, 결국 가족은 사회적 고립에 이르게 된다(Fox et al., 1997). 그 외 정신건강 관련 이슈가 문제를 더 복잡하게 만들 수 있는데, 가족 구성원이 우울증이나 질병을 앓거나 빈곤에 시달린다면 이는 가족 역학(family dynamics)과 전반적 기능에 영향을 미치게 된다(Markey, Markey, Quant, Santelli, & Turnbull, 2002; Singer, Goldberg-Hamblin, Peckham-Hardin, Barry, & Santarelli, 2002; Turnbull & Turnbull, 1999).

문제 행동은 가족에게 여러 가지 사회적 · 정서적 스트레스 요인을 야기한다. 문제 행동에 대한 부모의 인식을 조사한 질적 연구에서 정서적 경험 스트레스 요인을 밝혔는데, ① 전문가, 친척, 지역사회 내 사람들이 아동의 행동에 대해 부모를 비난하거나 책망한다는 느낌, ② 아동의 문제 행동 때문에 형제자매가 부정적인 영향을 받는 것에 대한 우려, ③ 아동이 일상적인 학교 환경과 지역사회 환경에 포함되도록 부모가 반드시 옹호자 및 서비스 조정자가 되어야 한다는 생각 등이 포함된다(Blue-Banning et al., 2004; Dunlap, Robbins, & Darrow, 1994; Fox et al., 1997; Fox et al., 2002; Park & Turnbull, 2002; Ruef, Turnbull, Turnbull, & Poston, 1999; Turnbull & Ruef, 1996, 1997).

부 모

대부분의 경우, 부모가 아동의 문제 행동의 영향을 가장 많이 받으며, 이러한 행동이 부모에게 스트레스 요인이 된다. 아동의 행동이 통제하기 어렵거나 자신 또는 타인에게 위험한 행동이라면 부모는 자녀의 문제 행동에 대해 전전긍긍하게 된다(Turnbull & Ruef, 1996). 이러한 감정 외에도, 부모는 문제 행동이 일어나는 것에 대해 전문가가 아동이나 가족을 비난한다고 종종 느낀다. 어떤 부모들은 전문가들이 아동의 문제 행동에 대한 책임을 부모에게 둔다고 인식하는 것이다. 다수의 서비스 제공자로부터 아동의 문제 행동에 관한 보고를 받는 상황에 부딪히면 부모는 당혹감과 무기력감을 느낀다(Turnbull & Turnbull, 1999).

친척과의 관계에서도 부모는 비난을 받고 고립감을 느낄 수 있다. 친척은 아동의 장애를 이해하지 못한 채 부모가 비효율적으로 훈육하기 때문에 아동의 행동에 문제가 생겼다고 생각할 수 있다(Turnbull & Ruef, 1996, 1997). 그러나 지지적인 전문가나 가족 구성원, 즉 부모의 마음을 편하게 해 주는 특별한 이들을 만나는 부모들도 많다.

형 제

아동이 문제 행동을 보이면, 형제는 여러 가지 정서를 경험한다고 부모들이 보고한다. 형제는 문제 행동을 하는 아동에 대한 분노를 느끼거나(Fox et al., 1997), 문제 행동을 보이는 아동이 자신보다 더 많은 관심을 받는 것에 대해 당황하거나 화를 낸다(Turnbull & Ruef,

1997). 게다가 문제 행동은 형제를 포함한 모든 가족 구성원으로 하여금 공포를 느끼게 만들 수 있다(Fox et al., 1997). 문제 행동을 보이는 아동과 그의 형제는 함께 참여할 수 있는 많은 활동 기회를 놓치게 된다. 이렇듯 문제 행동이 형제에게서 부정적인 감정을 자아낼 수도 있지만, 문제 행동을 보이는 가족 구성원이 있어서 실제로는 인내심과 책임감을 더 많이 배우는 아동도 많다(Turnbull & Ruef, 1997).

지역사회 참여에 미치는 영향

장애를 가진 아동이 문제 행동을 할 경우, 아동은 학교나 지역사회 활동의 참여와 같은 생활에서 더 많이 제외될 수 있다. 이에 따라 학교와 지역사회 통합의 기회도 제한될 수 있다. 다음에서는 학교와 지역사회 통합에 관한 부모의 관점을 살펴보기로 한다.

유치원/학교 통합

아동이 문제 행동을 보일 때 부모는 기본적인 부모 역할 외에 옹호자와 중재자 역할을 맡게 된다(Turnbull & Ruef, 1997). 사실상 가족 구성원이 아동의 주요 옹호자와 서비스 조정자가 되는 경우가 종종 발생한다(Turnbull & Turnbull, 1999). 문제 행동을 하는 아동의 부모는 자녀가 참여하는 프로그램이 「장애인교육법(Individuals with Disabilities Education Act: IDEA)」을 준수하지 않는 사례를 발견할 때가 있다(Turnbull & Ruef, 1997). 어떤 경우, 부모의 예상보다 훨씬 더 제한적인 환경에 아동이 배치되는 상황이 벌어진다. 만약 프로그램이 법적 요건을 준수하지 않는다면, 부모는 아동의 권리를 옹호해야 하는 위치에 놓이게 된다(Turnbull & Ruef, 1996, 1997).

부모는 옹호자 역할의 일부로서 아동이 통합 상황에서 성공할 수 있게끔 돕는 활동에 참여할 수 있다. 예컨대, 자녀 및 자녀의 행동을 또래들에게 이해시키기 위하여 부모가 학교에 초대되어 또래들에게 이야기하기도 한다(Turnbull & Ruef, 1997). 부모들은 가정에서 가까운 학교와 지역사회 환경에 아동을 통합시킴으로써 아동이 또래로부터 적절한 행동을 배우고, 사회적 · 정서적 능력을 계발하게 된다고 믿는다. 장애가 있는 아동이 또래와 통합될 때 교우 관계는 좀 더 원만하게 이루어질 수 있다(Turnbull & Turnbull, 1999).

그러나 문제 행동은 아동과 또래 사이의 장애물이 될 수 있으며, 새로운 혹은 기존의 교우 관계에 손상을 입힐 수 있다(Turnbull & Turnbull, 1999). 부모는 자녀가 학교에서 또래에게 공격적인 행동을 하는 등의 문제 행동을 하지 않을까 많은 걱정을 한다(Turnbull & Ruef, 1996, 1997). 문제 행동을 보이고, 적절한 사회적 · 정서적 능력이 떨어지는 많은 아동들이 친구를 사귀지 못하며, 이러한 사실은 아동과 부모에게 영향을 미친다. 게다가 교우 관계의 결핍은 아동과 부모의 학교 환경에의 소속감에도 영향을 미친다. 많은 부모들은 긍정적인 교우 관계가 아동에게 반드시 필요하다고 생각한다(Turnbull & Turnbull, 1999). 하지만 부모가 이러한 관계를 촉진하고 가르치는 것에 대해서는 불편하게 여길 수 있다(Turnbull & Ruef, 1997). 부모는 교우 관계 증진의 책임을 자신이 전부 져야 한다는 압박감 없이 아동의 사회적 발달에 대한 걱정이 해결되기를 원한다.

아동의 문제 행동 때문에, 가족이 아동과 외출하는 횟수가 줄어들거나 지역사회 나들이를 아예 포기할 수도 있다(Fox et al., 1997). 문제 행동의 발생을 피하기 위하여 부모는 아동이 학교에 있을 때나 아동을 누군가에게 맡겨 두었을 때 볼일을 본다. 아동의 문제 행동이 심각할 경우, 부모는 외출을 피하게 되고, 그 결과 가족은 상당히 많은 시간을 집에서 보내게 된다. 휴가 또한 가족에게 용이하지 않게 되어 그냥 포기하기도 한다(Turnbull & Ruef, 1997).

부모는 아동의 문제 행동이 공공장소에서 일어날 것에 대해 많이 염려한다. 예를 들면, Fox와 동료들(1997)이 보고하기를, 붐비지 않는 때에 외출하고, 아동의 주의를 끌기 위하여 계속 노래를 불러주는 가족도 있다고 하였다. 또한 가족은 지역사회 환경에서 아동이 문제 행동을 보일 경우에 아동과 가족 구성원 각자에게 어떤 영향을 미칠지에 대해 염려한다(Turnbull & Ruef, 1996). 가족은 아동의 문제 행동으로 인해 지역사회 주민들이 방해받는 것을 원하지 않는다(Turnbull & Ruef, 1997). 부모는 어떤 일이 벌어질지 항상 염려하기 때문에 아직까지 한 번도 일어나지 않은 행동에 대해서도 간혹 두려움을 느낀다. 부모와 가족 구성원이 이러한 불안에 잘 대처할 수 있도록 돕는 것이 중요하며, 이러한 노력으로 변화가 시작된다.

가족을 위한 팀 중심의 전략과 지원

팀에서 진단평가와 문제해결 활동을 시작하기 전에 먼저 문제 행동에 대한 가족 반응의 사회적 · 정서적 맥락을 반드시 고려해야 한다. 아동과 가족을 지원하는 팀 중심의 두 가지 전략은 다음과 같다.

개인 중심 계획

개인 중심 계획(person-centered planning: PCP)은 팀이 개인의 강점과 선호에 맞추어 미래에 대한 장기 목표와 비전을 수립하는 팀 중심의 과정이다(Kincaid, 1996). 아동과 가족의 삶의 질을 높이기 위한 장기 목표는 아동의 사회적 · 정서적 강점에 근거하여 협력 팀에서 개발한다(Albin, Lucyshyn, Horner, & Flannery, 1996). 대부분의 PCP는 아동을 둘러싼 지원 서클 또는 네트워크 개발을 포함하는데, 아동이 선호하는 생활양식을 성취할 수 있도록 아동과 정기적으로 만나고, 자연스러운 지역사회 지원을 이용한다(Turnbull et al., 1996).

PCP는 개인의 이력(history), 강점, 성취, 업적을 논의하는 것부터 시작되고, 개인의 선호와 희망이 강조된다(Butterworth, Steere, & Whitney-Thomas, 1997). 촉진자는 계획 과정에서, 창의적 문제해결을 통해 개인에게 초점을 맞추는 과정에서 개인과 그들의 가족 구성원 및 기타 팀원을 보조한다(Turnbull et al., 1996). 다음으로, 개인이 선호하는 생활양식과 미래에 대한 비전이 결정되는데, 가능한 한 개인의 의견을 많이 참조하여 결정한다. 선호하는 생활양식에 도달하기 위한 장기 목표가 결정되면, 팀 구성원은 그 목표를 향한 첫 번째 단계를 시작한다. 추가적인 팀 회의 시간을 정하여 과정이 지속되게 하고, 첫 회의 후에 중단되지 않도록 유의한다. PCP에 관한 정보가 필요하면 온라인 자원을 알려 주는 〈표 1〉을 참조한다.

〈표 1〉 PCP 자원

개인 중심 계획에 관한 자원
페이서 센터-교육권을 위한 부모 옹호 연합(http://www.pacer.org) 페이서 센터는 가족의 삶의 질을 높이기 위한 목적으로 장애가 있는 아동의 가족이 다른 가족에게 정보를 제공한다. 웹사이트에서는 개인 중심 계획, 전이, 유아기, 정서 · 행동장애 등과 같은 주제를 다룬 논문이 번역본과 함께 제공된다. 추가적인 온라인 자원 연계도 제공된다.
지역사회 통합연구소(http://www.communityinclusion.org) 지역사회 통합연구소는 장애가 있는 개인을 지원하는 기관이다. 웹사이트에서는 개인 중심 계획과 계획 과정 및 일터에서 장애인을 참여시키는 주제와 관련된 논문이 제공된다.
부모 훈련과 정보(http://www.ptimpact.com) 이 웹사이트에서는 개인 중심 계획을 포함하여 전이 계획의 다섯 가지 영역에 관한 훈련 모듈을 제공한다. 장애를 가진 아동의 가족, 기관, 옹호 집단에 온라인상으로 정보를 제공하거나, 미주리 주 전역에서 실시하는 훈련 모임을 통해 정보를 제공한다.
캔사스 긍정적 행동 지원 온라인 연구소(http://www.kipbs.org/Library/default.aspx) 국민의료보조금의 기금을 받아 마련된 이 프로그램은 전문가 훈련을 통하여 전문가가 개인 중심 계획을 실시할 수 있도록 돕는다. 웹사이트에서 제공되는 훈련 자료는 문제 행동을 하는 아동 및 성인과 일하며, 이들의 전반적인 삶의 질을 높이고자 노력하는 가족과 전문가를 지원하기 위한 것이다.

비치장애센터(http://www.beachcenter.org)
비치장애센터 웹사이트에서는 개인 중심 계획과 같은 주제의 연구 논문, 소식지, 일화, 발표 자료 등을 제공한다. 개인 중심 계획 과정의 집단 활동 계획에 대한 정보도 찾을 수 있다.

긍정적 행동 지원

긍정적 행동 지원(positive behavior support: PBS)의 목적은 삶의 질을 높이면서 문제 행동을 줄이는 것이며, 개인 중심의 가치를 바탕으로 진단평가에 근거하여 행동과학과 신체적 · 정신적 건강에 관한 정보를 결합시킨 전략으로서 폭넓은 연구에 근거한다(Horner, 2000; Horner, Sugai, Todd, & Lewis-Palmer, 2005). PBS는 문제 행동을 하는 개인과 가족에게 지속적이면서 유지 가능한 성과를 제공하는 데 초점이 맞춰져 있다(Horner, Albin, Sprague, & Todd, 2000). 그리고 PBS는 응용행동분석의 구성 요소에 근거한다(Baer, Wolf, & Risley, 1968). PBS 과정의 핵심적인 부분은 문제 행동의 평가에 가족 구성원과 팀이 적극적으로 참여하는 것, 그리고 사회적 · 정서적 기술을 가르치고 문제가 되는 일과와 환경을 변화시키는 전략을 실시하는 과정에 가족과 팀이 적극적으로 참여하도록 만드는 것이다(Lucyshyn et al., 2002). PBS 계획은 실제로 계획을 실시할 가족 및 팀원에게 반드시 적합해야 한다(Albin et al., 1996). 다시 말하면, 계획이 팀의 가치를 반영하고 쉽게 실시할 수 있으면서 가족과 팀 구성원이 효과적이라고 믿어야 한다.

직간접적 측정을 포함하여, 기능적 행동 평가는 문제 행동의 가능한 기능을 결정하기 위한 목적으로 실시된다(O'Neill et al., 1997). 기능의 가설 또는 기능이 결정되면, 전체 팀원의 의견을 바탕으로 긍정적 행동 지원 계획이 개발된다. 계획을 계속적으로 모니터링하고, 필요한 경우 수정하는 것이 성공의 핵심이다. PBS에 관한 추가적인 온라인 정보는 〈표 2〉를 참조한다.

〈표 2〉 PBS 온라인 자원

긍정적 행동 지원에 관한 자원
조기 학습을 위한 사회적 · 정서적 기초 센터(http://www.csefel.uiuc.edu) 이 센터는 국립센터로서 보육시설과 헤드 스타트 프로그램에서 유아의 사회 · 정서 발달을 증진시킬 수 있게 지원한다. 메뉴에서 자원을 클릭하면 긍정적 행동 지원 자료로 연결된다.
근거 중심의 실제 센터(http://challengingbehavior.fmhi.usf.edu/index.html) 이 센터는 연방정부의 특수교육 프로그램국의 재정적 지원을 받아 문제 행동을 보이는 유아를 위한 긍정적이며 근거 중심의 실제에 대한 인식을 높이고, 실행을 돕고자 만들어졌다.
캔사스 긍정적 행동 지원 온라인 연구소(http://www.kipbs.org/Library/default.aspx) 저소득층 의료보험의 기금으로 마련된 이 프로그램은 전문가 훈련을 통하여 전문가가 개인 중심 계획을 실시할 수 있게 돕는다. 웹사이트에서 제공되는 훈련 자료는 문제 행동을 하는 아동 및 성인과 일하며, 이들의 전반적인 삶의 질을 높이고자 노력하는 가족과 전문가를 지원하기 위한 것이다.
긍정적 행동 지원 모듈 온라인 아카데미(http://uappbs.apbs.org) 이 웹사이트에서는 학교 장면에서 개인의 긍정적 행동 지원 계획을 개발하는 방법을 설명하는 모듈 세트를 제공한다.

긍정적 행동 지원 협회(http://www.apbs.org/main.htm)
이 협회는 국제 긍정적 행동 지원 협회다. 이 협회에서는 긍정적 행동 지원을 발전시키고자 전문가, 가족, 훈련 책임자, 소비자, 연구자, 관리자 등이 매년 모여서 정보를 공유하고 긍정적 행동 지원에 대한 지식을 쌓는다.

긍정적 행동 중재 및 지원을 위한 국립기술보조센터(www.pbis.org)
이 센터는 연방정부의 특수교육 프로그램국의 재정적 지원을 받는 곳으로, 학교 차원의 효과적인 훈육의 실제를 파악하고, 적용하며, 유지하는 데 필요한 기술적 지원과 정보를 학교에 제공한다.

개인 중심 계획과 긍정적 행동 지원 요약

개인 중심 계획(PCP)과 긍정적 행동 지원(PBS)의 목적은 아동 및 가족의 삶의 질을 높이는 데 있다(Kincaid, 1996; Horner, 2000). 장애 여부를 떠나 모든 아동이 개인 중심 계획과 긍정적 행동 지원 과정으로부터 도움을 받을 수 있다. 팀은 개인 중심 계획 과정을 통해 장기 목표를 개발하고, 개인 중심의 계획 과정은 긍정적 행동 지원을 통해 성취될 수 있다. 예컨대, 특정 지역사회 활동에 아동의 참여를 증가시키고, 문제 행동을 감소시키는 것을 장기 목표로 할 수 있다. 개인 중심 계획은 기능적 행동 평가 과정에 이용될 수 있는 주요 정보를 제공하고, 긍정적 행동 지원 과정 전체에 걸쳐 팀에 비전을 제시한다. 이 때문에 개인 중심 계획은 긍정적 행동 지원 과정이 시작되기 이전이나 동시에 실시되어야 한다(Kincaid & Fox, 2002). 이러한 접근은 가족에게 상당한 시간과 정서적 · 신체적 에너지를 요구하나, 가족에게 미치는 결과는 삶을 바꿔 놓을 정도로 강력할 수 있다.

팀 중심의 전략에 가족의 견해 반영하기

전문가가 문제 행동에 대한 가족의 인식에 민감하게 반응한다면 개인 중심 계획과 긍정적 행동 지원 전략은 더욱 효과적일 것이다. 문제 행동을 보이는 아동의 가족을 지원하는 전략이 〈표 3〉에 제시되어 있다. 가족의 견해를 이해함으로써 개인 중심 계획 및 긍정적 행동 지원을 계획하는 동안 사회적 · 정서적 성장을 위한 긍정적인 분위기를 만들 수 있는데, 이는 아동뿐 아니라 팀에게도 마찬가지다.

〈표 3〉 문제 행동을 보이는 아동의 가족 지원 전략

부모들이 말하기를, "전문가는 반드시……."
• 문제 행동을 보이는 아동의 가족이 경험하는 감정, 타인의 판단이나 비난에 대해 알고 이해해야 한다. 그래서 회의에서 가족에게 좀 더 민감해야 한다. • 가족이 아동을 위하여 옹호자 및 서비스 조정자가 되어야 하는 부담감을 가지는 것에 대하여 충분히 인지하고, 팀 과정에서 이러한 책임감을 공유해야 한다. • 긍정적 행동 지원 과정의 일부로, 가족을 가족 지원 집단이나 옹호 단체와 적극적으로 연결시켜 가족이 느끼는 고립감을 감소시켜 주어야 한다. • 가족의 문화를 배우는 데 시간을 투자하고, 문화에 따른 서로 다른 가치관이 가족과 다른 팀원들의 문제해결 과정에 어떠한 영향을 미치는지에 대해 알아야 한다. • 긍정적 행동 지원 계획에 형제 지원 전략도 포함시켜 형제가 가족으로부터 충분한 관심을 받도록 해야 한다. • 장애를 가진 아동이 또래와 접촉하는 기회를 만들고, 사회적 기술을 익

히도록 가르치며, 또래와 긍정적인 상호작용을 하는 과정을 만드는 등 아동의 교우 관계 형성을 지원하기 위해 가족과 파트너가 되어 한 팀으로 일해야 한다.
- 아동의 강점을 강조하고, 아동이 지니고 있는 기술을 활용해야 한다.

자녀가 문제 행동을 할 때 가족이 경험하는 비난받는 느낌에 대해 잘 알고 있는 전문가와 지역사회 구성원은 가족과의 회의에서도 훨씬 민감하고 신중할 수 있다. 긍정적 행동 지원 과정의 일부로 부모와 가족 지원 집단 및 가족 옹호 단체와의 연결을 적극적으로 추진함으로써 가족이 느끼는 고립감을 줄일 수 있다(Turnbull & Turnbull, 2001). 가족이 아동을 옹호할 수 있게 역량을 강화함으로써 전문가는 지지적인 팀 맥락에서 가족과 신뢰 관계를 형성한다(Blue-Banning et al., 2004).

문화적으로 민감한 방식으로 사람들과 효과적으로 일하기 위해서는 먼저 자기 자신과 자신의 신념 및 가치를 알아야 한다(Turnbull & Turnbull, 2001). 가족이 지닌 가치는 문화에 따라 매우 다양하며, 가족에 따라서도 매우 다르다는 사실을 인지하는 것이 중요하다. 장애를 받아들이는 정도 역시 가족에 따라 매우 다르다(Chen et al., 2002). 가족 체계와 가족 문화에 대한 정보를 수집함으로써, 전문가는 각 가족의 실제와 신념에 대해 좀 더 알게 되며, 더욱 존중하는 방식으로 실제를 실행하게 된다(Blue-Banning et al., 2004). 대부분의 전문가는 주류 문화에 속해 있고 문제 행동을 그 문화의 맥락에서 바라보기 때문에, 전문가는 자신의 생각과 가족의 생각 사이에 존재하는 차이를 해결하고자 하는 노력을 반드시 기울여야 한다(Chen et al., 2002).

문화적으로 민감하게 긍정적 행동 지원을 제공할 때, 이 과정은 가족의 가치와 기대에 훨씬 더 적합할 것이다.

팀은 긍정적 행동 지원 계획 속에 문제 행동을 보이는 아동의 형제를 지원하는 목표와 활동을 포함시킬 수 있다. 형제에게 두려움이나 불안에 대처하는 방법뿐 아니라 문제 행동을 예방하고 행동에 반응하는 방법을 가르치는 계획이 긍정적 행동 지원 계획의 일부로 포함될 수 있다. 또 다른 경우, 팀은 긍정적 행동 지원 계획의 일부로서, 형제가 적절한 행동으로 긍정적인 관심을 얻는 방법과 형제가 적절하게 관심을 얻을 수 있는 특별한 기회를 갖는 방법에 대하여 논의할 수 있다. 전문가는 아동의 결점에 초점을 맞추기보다 아동에게 긍정적인 접근을 시범 보여야 한다(Fox et al., 2002). 전체적으로 볼 때, 전문가와 가족 사이의 성공적인 동반자 관계를 증진하는 방법은 상당히 많이 있다. 부모와 가족의 경험에 좀 더 민감하게 반응함으로써 우리는 문제 행동을 보이는 아동을 더욱 효과적으로 지원할 수 있다.

아동의 문제 행동을 효과적으로 예방하는 한 가지 방법은 가족과 협력적 동반자가 되고, 가족의 요구에 민감하게 반응하는 것이다. 이러한 관계는 다른 중재와 비교해 볼 때, 시간과 에너지가 훨씬 더 들지만 비용 면에서 상당히 경제적으로 보인다(Blue-Banning et al., 2004). 가족과 전문가 간의 성공적인 동반자 관계는 반드시 필요하며, 효과적인 의사소통 전략을 지원하고 장려하는 자발성과 같은 전문적인 자질이 반드시 요구된다(Blue-Banning et al., 2004). 개인 중심 계획과 긍정적 행동 지원은 팀 중심 과정의 두 가지 예이며, 이는 팀이 아동의 강점을 강조하면서 사회적 · 정서적 기술을 가르치는

데 도움이 된다. 가족의 인식에 대한 문헌으로부터 정보를 통합하는 것이 성공적인 개인 중심 계획과 긍정적 행동 지원 계획의 사전 준비가 될 것이다.

결 론

개인 중심 계획과 긍정적 행동 지원과 같은 중재가 팀 중심의 전략을 통해 개발되고 실시되듯이, 서비스를 제공할 때 전문가가 아동과 전체 가족 체계를 보는 것이 중요하다. 가족이 단순히 정기적으로 문제 행동에 대처하는 것이 아니라는 사실을 인식하는 것이 중요하다. 또한 가족은 다양한 정서적 두려움과 사회적 비난에 대처하는 법을 배우고 있다. 문제 행동이 쉽지 않은 문제이기는 하지만, 연구에서 밝혀지고 많은 부모들이 효과적이라고 증언한 바에 따라 팀 중심의 두 가지 전략(즉, 개인 중심 계획과 긍정적 행동 지원)이 논의되었다. 전문가는 문제 행동에 대한 가족의 인식과 관련한 질적 연구 문헌을 살펴봄으로써 근원적인 이슈를 이해하고, 지지적인 관계를 형성해 갈 수 있다. 가족과 협력적 관계를 만들고, 긍정적 행동 지원과 같은 최상의 실제 중재를 실시함으로써, 문제 행동을 보이는 아동의 가족을 더욱 효과적으로 지원할 수 있다.

주

Amanda Tyrrell(alt@ku.edu)

참고문헌

Albin, R. W., Lucyshyn, J. M., Horner, R. H., & Flannery, K. B. (1996). Contextual fit for behavioral support plans: A model for "goodness of fit." In L. K. Koegel, R. L. Koegel & G. Dunlap (Eds.), *Positive behavioral support: Including people with difficult behavior in the community* (pp. 81-98). Baltimore: Paul H. Brookes.

Baer, D. M., Wolf, M. M., & Risley, T. R. (1968). Current dimensions of applied behavior analysis. *Journal of Applied Behavior Analysis, 1*, 91-97.

Bambara, L. M. (2005). Evolution of positive behavior support. In L. M. Bambara & L. Kern (Eds.), *Individualized supports for students with challenging behaviors: Designing positive behavior plans* (pp. 1-24). New York: Guilford Press.

Blue-Banning, M., Summers, J. A., Frankland, H. C., Nelson, L. L., & Beegle, G. (2004). Dimensions of family and professional partnerships: Constructive guidelines for collaboration. *Exceptional Children, 70*, 167-184.

Butterworth, J., Steere, D., & Whitney-Thomas, J. (1997). Using person-centered planning to address personal quality of life. In R. Schalock (Ed.), *Quality of life: Vol. 11 Application to persons with disabilities* (pp. 5-23). Washington, DC: American Association on Mental Retardation.

Chen, D., Downing, J. E., & Peckham-Hardin, K. D. (2002). Working with families of diverse cultural and linguistic backgrounds: Considerations for culturally responsive positive behavior supports. In J. M. Lucyshyn, G. Dunlap & R. W. Albin (Eds.), *Families and positive behavior support: Addressing challenging behavior in family contexts* (pp. 133-151). Baltimore: Paul H. Brookes.

Dunlap, G., Robbins, F. R., & Darrow, M. A. (1994). Parents' reports of their children's challenging behaviors: Results of a statewide survey. *Mental Retardation, 32*, 206-212.

Fox, L., Vaughn, B. J., Dunlap, G., & Bucy, M. (1997). Parent-professional partnership in behavioral support: A qualitative analysis of one family's experience. *The Journal of the Association for Persons with Severe Handicaps, 22*, 198-207.

Fox, L., Vaughn, B. J, Wyatte, M. L., & Dunlap, G. (2002). "We can't expect other people to understand": Family perspectives on challenging behavior. *Exceptional Children, 68*, 437-450.

Horner, R. H. (2000). Positive behavior supports. *Focus on Autism and other Developmental Disabilities, 15*(2), 97-105.

Horner, R. H., Albin, R. W., Sprague, J. R., & Todd, A. (2000). Positive behavior support. In M. E. Snell & F. Brown (Eds.), *Instruction of students with severe disabilities* (pp. 207-243). Upper Saddle River, NJ: Merrill.

Horner, R. H., Sugai, G., Todd, A. W., & Lewis-Palmer, T. (2005). Schoolwide positive behavior support. In L. M. Bambara & L. Kern (Eds.), *Individualized supports for students with problem behaviors: Designing positive behavior plans* (pp. 359-390). New York: Guilford Press.

Individuals with Disabilities Education Act(IDEA) Amendments of 1997, PL 105-17, 20 U.S.C. [section] 1400 et seq.

Kincaid, D. (1996). Person-centered planning. In L. K. Koegel, R. L. Koegel & G. Dunlap (Eds.), *Positive behavioral support: Including people with difficult behavior in the community* (pp. 439-465). Baltimore: Paul H. Brookes.

Kincaid, D., & Fox, L. (2002). Person-centered planning and positive behavior support. In S. Holburn & P. Vietze (Eds.), *Person-*

centered planning: Research, practice, and future directions (pp. 29–49). Baltimore: Paul H. Brookes.

Lucyshyn, J. M., Horner, R. H., Dunlap, G., Albin, R. W., & Ben, K. R. (2002). Positive behavior support with families. In J. M. Lucyshyn, G. Dunlap & R. W. Albin (Eds.), *Families and Positive Behavior Support: Addressing challenging behavior in family contexts* (pp. 3–44). Baltimore: Paul H. Brookes.

Markey, U., Markey, D. J., Quant, B., Santelli, B., & Turnbull, A. P. (2002). Operation positive change: PBS in an urban context. *Journal of Positive Behavior Interventions, 4*, 218–230.

O'Neill, R. E., Horner, R. H., Albin, R. W., Sprague, J. R., Storey, K., & Newton, J. S. (1997). *Functional assessment and program development for problem behavior: A practical handbook* (2nd ed.). Pacific Grove, CA: Brookes/Cole.

Park, J & Turnbull, A. P. (2002). Quality indicators of professionals who work with children with challenging behavior. *Journal of Positive Behavior Interventions, 4*, 118–122.

Ruef, M. B., Turnbull, A. P., Turnbull, H. R., & Poston, D. (1999). Perspectives of five stakeholder groups: Challenging behavior of individuals with mental retardation and/or autism. *Journal of Positive Behavior Interventions, 1*, 43–58.

Salend, S. J., & Taylor, L. S. (2002). Cultural perspectives: Missing pieces in the functional assessment process. *Intervention in School and Clinic, 38*(2), 104–112

Singer, G. H., Goldberg-Hamblin, S. E., Peckham-Hardin, K. D., Barry, L., & Santarelli, G. E. (2002). Toward a synthesis of family support practices and positive behavior support. In J. M. Lucyshyn, G. Dunlap & R. W. Albin (Eds.), *Families and positive behavior support: Addressing challenging behavior in family contexts* (pp.

155-183). Baltimore: Paul H. Brookes.

Turnbull, A. P., Blue-Banning, M. J., Anderson, E. L., Turnbull, H. R., Seaton, K. A., & Dinas, P. A. (1996). Enhancing self-determination through group action planning: A holistic emphasis. In D. Sands & M. Wehmeyer (Eds.), *Self-determination across the lifespan. Independence and choice for people with disabilities* (pp. 237-256). Baltimore: Paul H. Brookes.

Turnbull, A. P., & Ruef, M. B. (1996). Family perspectives on challenging behavior. *Mental Retardation, 34*, 280-293.

Turnbull, A. P., & Ruef, M. B. (1997). Family perspectives on inclusive lifestyle issues for people with challenging behavior. *Exceptional Children, 63*, 221-227.

Turnbull, A. P., & Turnbull, H. R. (1999). Comprehensive lifestyle support for adults with challenging behavior: From rhetoric to reality. *Education and Training in Mental Retardation and Developmental Disabilities, 34*, 373-394.

Turnbull, A. P., & Turnbull, H. R. (2001). *Families, professionals and exceptionality: Collaboration for empowerment* (4th ed.). Upper Saddle River, NJ: Prentice Hall.

공격성? 문제 행동을 다루는 긍정적 행동 지원 전략

Lise Fox, Ph.D., University of South Florida
Shelley Clarke, M.A., University of South Florida

쿠퍼는 호기심이 많고 에너지가 넘치는 2세 6개월의 남아다. 쿠퍼는 의사소통 발달의 지체와 행동 문제로 조기중재 서비스를 받고 있으며, 하루 중 몇 시간은 유치원에 다니고 있다. 유치원의 유아들이 아침에 등원하면 바로 참여하는 놀이 시간에 쿠퍼의 문제 행동이 자주 발생한다. 쿠퍼는 뚜렷한 목적 없이 교실을 배회하며, 또래에게 공격적인 행동을 시도한다. 공격적인 행동은 또래를 물고, 때리고, 싸우고, 꼬집고, 박치기를 하는 등의 형태로 나타나며, 교사가 중재하거나 또래가 피할 때까지 계속된다. 어떤 경우에는 피하는 또래를 뒤쫓아 가서 공격적인 행동을 계속하기도 한다. 쿠퍼의 이러한 행동은 또래의 안전을 위협하는 것으로, 쿠퍼에게 공격당한 경험이 있는 또래의 부모들은 상당한 우려를 표하고 있으며, 교사들도 점차 자신의 교수 능력에 대한 자신감을 잃어 가는 상황이다. 교사들은 쿠퍼의 공격적인 행동을 감소시키기 위하여 여러 가지 전략을 사용해 보았으나 성공하지 못했다. 유치원 원장은 "쿠퍼는 사랑스러운 아이이고 우리 모두 쿠퍼를 사랑해요. 그런데 우리는 쿠퍼의 공격적인 행동에 효율적으로 대처하지 못하고 있어요. 쿠퍼의 행동을 통제하지 못한다면, 쿠퍼의 부모에게 유치원에서 나가 달라고 요청할 수밖에 없는 상황이 벌어질지도 몰라요."라고 말한다.

얼마 전 일간지의 주요 뉴스에서 정부의 재정적 지원을 받는 유치원에서 중도 탈락하는 유아의 수가 초·중·고등학교에서 퇴학당하는 학생의 수를 능가한다는 충격적인 사실이 보도되었다[e.g., *Washington Post*(Dobbs, 2005), *USA Today*(della Cava, 2005), *New York Times*(Lewin, 2005)]. 많은 유아교육자들과 유치원 원장들이 이전부터 인지하고 있던 내용이 이와 같은 자료를 통해 증명된 것이다. 기존의 전통적인 학급 지도 방법으로는 대처하기 어려운 공격성을 가진 유아들이 유치원에 입학하고 있으며, 이들이 또래의 안전을 위협하는 존재가 되고 있다는 사실이다. 공격성을 보이는 유아들에게 유치원을 떠나도록 강요하는 사실은 유아뿐만 아니라 가족과 기관 모두에게 바람직하지 않은 결과다.

유치원 시기의 공격성은 흔한 일이다. 많은 유아들이 자신의 요구나 필요를 전달하기 위하여 공격적인 행동을 하며, 타인의 관심이나 물건, 활동을 획득 또는 회피하고자 때리고, 깨물고, 물건을 집어던진다(Coie & Dodge, 1998). 대부분의 경우, 교사는 유아가 좀 더 적절한 행동을 하도록 지도할 수 있으며, 공격적인 행동은 즉시 감소된다. 그런데 어떤 유아의 공격적인 행동은 일반적인 지도 방법이

전혀 효과적이지 못할 정도로 횟수와 강도 면에서 심각하다. 출현율에 관한 연구 논문을 검토한 Campbell(1995)은 유아들의 10~15% 정도가 경도에서 중등도 수준의 행동 문제를 보인다고 추정하였다.

유아기에 나타나는 공격적 행동에 대하여 유아교사들은 심각한 우려를 표한다. 연구에 따르면, 유아기에 나타나는 공격적 행동은 학령기와 사춘기에도 계속될 가능성이 매우 높다(Campbell, 1995; Egeland, Kalkoske, Gottesman, & Erickson, 1990; Pierce, Ewing, & Campbell, 1999). 유아기에 나타나는 문제 행동은 청소년 비행, 폭력 조직 가입, 교도소 수감 등을 가장 잘 예측하는 요소가 된다(Dishion, French, & Patterson, 1995; Reid, 1993).

긍정적 행동 지원(positive behavior support)은 공격적 행동에 효과적인 중재가 된다(Fox, Dunlap, & Cushing, 2002; Fox, Dunlap, & Powell, 2002). 긍정적 행동 지원은 아동이 문제 행동을 하는 목적이 관심이나 물건, 활동을 획득 또는 회피하기 위한 것이라는 전제에서 출발한다(O'Neill et al., 1997). 따라서 문제 행동은 기능적인 목적을 지닌다. 긍정적 행동 지원에서 사용하는 일반적인 중재 접근은 행동의 기능을 파악한 후 문제 행동을 대체할 수 있는 새로운 행동을 아동에게 가르치는 것이다. 긍정적 행동 지원은 모든 연령대와 다양한 장애 또는 지체를 가진 아동 및 성인에게 적용하여 효과를 증명한 많은 문헌들에 근거한다(Carr et al., 1999; Conroy, Dunlap, Clarke, & Alter, 2005).

이 논문에서는 유아교사들이 사용한 긍정적 행동 지원을 설명하는데, 구체적으로 공격성을 보이는 유아를 위한 효과적인 행동 지원 계획을 교사들이 개발하고 실시하는 과정을 알려 준다. 이 과정에 대한 실제적인 묘사로서 쿠퍼의 사례를 들었다.

긍정적 행동 지원의 실행 과정

공격적인 행동을 빈번하게 보이는 유아를 대상으로 긍정적 행동 지원 계획을 개발하고 실시하며 평가하는 전체 과정은 4단계로 이루어진다(〈표 1〉 참조). 각 단계에 대한 설명은 다음과 같다.

팀 소집

개별 아동의 요구를 다루기 위한 목적으로 팀을 소집하면서 긍정적 행동 지원이 시작된다. 팀 구성원으로는 학급 교사, 아동의 가족, 긍정적 행동 지원에 정통한 인물이며, 이 과정을 지도해 줄 수 있는 사람(예: 행동 또는 정신건강 상담사, 유아특수교육 교사)이 포함되어야 한다. 그 외 팀원으로서 학급 보조교사, 치료사, 관리자가 포함될 수

〈표 1〉 긍정적 행동 지원의 절차

- 1단계: 개별 아동의 요구를 다루기 위하여 팀을 소집한다.
- 2단계: 기능적 평가를 실시한다.
  ① 정보 수집
  ② 가설 설정
- 3단계: 행동 지원 계획을 브레인스토밍한다.
- 4단계: 행동 지원 계획을 실시하고 모니터링하며 평가한다.

있다. 팀원이 모이면 아동의 강점, 아동의 행동에 대한 염려 사항, 긍정적 행동 지원 목표 및 아동 목표에 대해 논의한다. 촉진자(즉, 팀을 이끌어 가는 인물)는 긍정적 행동 지원의 단계를 설명하고, 팀이 긍정적 행동 지원을 시작할 수 있도록 돕는다.

기능적 평가 실시

팀이 제일 먼저 할 일은 기능적 평가(functional assessment)를 실시하는 것이다. 기능적 평가란, 관찰하고 정보를 수집하여 이를 해석하는 과정이다(Kern, O'Neill, & Starosta, 2005). 따라서 긍정적 행동 지원 계획 개발 과정의 두 번째 단계에서는 두 가지 활동을 완료해야 하는데, 이는 정보 수집과 가설 설정(〈표 1〉 참조)이다. 기능적 평가의 목적은 환경적 요소가 문제 행동에 어떻게 영향을 미치는지에 대해 이해하는 것이다. 환경적 자극과 후속 결과의 관계에 대해 정보를 수집함으로써 팀은 문제 행동의 목적 또는 기능에 대해 결론을 내릴 수 있다.

정보를 수집하는 단계 혹은 기능적 평가 포트폴리오는 다양한 측면에서 정보를 포함한다. 먼저, 아동에 관해 기록된 문서를 검토하는데, 이는 아동의 사회성 이력(social history), 과거의 배치, 발달적 진단평가, 의료적 문제 등을 파악하기 위함이다. 다음으로, 아동의 일상적인 상호작용을 관찰한다. 문제 행동이 많이 일어나는 활동 및 상황과 문제 행동이 거의 일어나지 않는 활동 및 상황에서 아동 관찰이 이루어진다. 또한 모든 팀원이 관찰에 참여한다. 아동의 가족 및 교사는 문제 행동의 발생에 관해 행동 발생 시간과 행동 발생을 둘러싼 상황(환경 또는 상호작용), 선행 사건(행동 발생 이전에 일어난 것), 후속 결과(행동 발생 이후에 일어난 것) 등에 대한 정보를 기록한다.

마지막으로, 팀은 면담을 통해 정보를 수집한다. 문제 행동, 문제 행동의 선행 사건, 문제 행동의 후속 결과, 추정되는 기능에 대해 사람들이 가지고 있는 정보를 수집한다(Kern et al., 2005; O'Neill et al., 1997). 면담을 실시하기에 앞서 먼저 누가 관련 정보를 제공할 수 있는지와 어떤 질문을 할 것인지를 팀에서 결정한다. 예컨대, 유치원 교사는 유아와 또래의 상호작용에 관한 정보를 제공할 수 있으며, 부모는 유아의 건강 상태나 수면 관련 정보를 가지고 있을 것이다. 면담은 각 구성원이 가진 지식을 체계적으로 수집하는 효과적인 방법이라 할 수 있다.

기록 검토, 직접 관찰, 면담 외에 긍정적 행동 지원 촉진자는 또 다른 자료 수집 방법을 개발할 수 있다. 예를 들면, 아동의 수면 문제나 약물 복용이 문제 행동에 영향을 미치는 것이 아닌가 생각한다면, 그 관계를 증명할 수 있도록 체계적인 정보 수집 양식이 사용될 수 있다. 즉, 아동의 수면 부족이 공격성에 영향을 미치는 것으로 의심된다면, 공격성의 빈도에 관한 정보와 전날 밤의 수면 시간에 대한 정보를 제공하는 자료 수집 체계를 개발할 수 있다.

모든 정보가 수집되면, 팀은 수집된 자료를 종합하여 문제 행동의 기능에 대한 가설을 설정하는 단계로 이동한다(Donnellan, Mirenda, Mesaros, & Fassbender, 1984; Nielsen, Olive, Donovan, & McEvoy, 1998). 문제 행동의 선행 사건, 문제 행동의 후속 결과, 아동의 반응 간에 어떤 양식이 있는지를 파악하기 위하여 자료를 검토한다. 아동이 문제 행동을 통하여 무엇을 전달하고자 하는지를 알아내기 위하여 수집된 자료가 해석된다. 가설은 두 가지 범주로 나뉘는데, 아동이 무엇인가(예: 활동, 감각적인 자극, 관심, 물건, 도움)를 얻고자 하거나, 무엇인가를 회피하고자 하는 것으로 구분된다.

쿠퍼의 문제 행동을 이해하기 위해 사용된 기능적 평가 과정은 다음과 같다.

팀이 형성된 후 기능적 평가가 시작되었으며, 평가는 3주간 진행되었다. 팀은 쿠퍼의 부모, 유치원 교사 두 명, 원장, 언어치료사, 행동상담사로 구성되었다. 정보 수집을 위해 면담, 직접 관찰, 소아과와 정신과의 진단평가를 포함한 모든 기록을 활용하였다. 수집된 정보를 종합하여 팀은 문제 행동의 기능에 대한 가설을 세웠다.

교사의 보고에 따르면, 공격적인 행동은 빈번히게 일어나지만 예외적으로 간식 시간과 점심 시간에는 거의 발생하지 않았다. 교사들은 쿠퍼의 공격적 행동에 대한 자신들의 느낌을 팀원들과 나누었다. 교사들은 유치원 일과에서 쿠퍼에게 기대되는 대부분의 행동을 쿠퍼가 이해하지 못하는 것 같다고 말했다. 또한 교사들의 보고에 따르면, 쿠퍼 가까이에 있는 한 아동이 크게 울면, 쿠퍼는 그 아동에게 다가가서 그 아동을 때리거나 깨물거나 꼬집는다고 하였다.

팀원 모두 쿠퍼의 부족한 구어 능력에 대해 우려를 표하였으며, 구어적 의사소통의 결함이 다른 형태의 상호작용, 예컨대 요구를 충족시키기 위해 손으로 가리키고, 짜증을 내고, 울고, 공격적이 되는 것으로 판단되었다. 구어 및 수용언어의 결함 때문에 쿠퍼가 연령에 적합한 방식으로 의사소통하거나 새로운 기술을 학습하지 못하는 것으로 여겨졌다. 심각한 언어 지체가 쿠퍼의 공격적인 행동과 관련이 있는 것으로 보였는데, 특히 상호작용하거나 자신의 요구를 전달하기 위하여 또래에게 접근할 때 그러하였다. 쿠퍼의 소아과 의사와 언어치료사로부터 얻은 정보와 마찬가지로 Part C의 평가 보고서에도 쿠퍼의 지체된 수용언어 처리(receptive processing)가 구어적 지시와 상호작용을 이해하는 능력을 방해하는 것으로 보고되어 있었다. 또한 팀은 쿠퍼의 공격적인 행동이 특정 배경 사건(setting events), 즉 질병, 수면 부족, 소음 노출, 주위의 많은 사람들과 연관된다는 가설을 설정하였다.

행동상담사가 관찰하여 얻은 정보는 면담과 평가에서 확인되었다. 팀은 기능적 평가를 통해 다양한 측면에서 수집된 정보를 검토하였으며, 쿠퍼의 공격적인 행동이 전이(transitions) 활동, 요구도가 높은 활동, 일과 변경, 비지시적이고 선호하지 않는 활동, 기대치가 불명확한 과제 등의 상황에서 더 자주 나타난다고 결론지었다. 또한 팀은 공격적인 행동을 촉발하는 구체적인 환경적 사건을 파악하였다.

수집된 정보를 바탕으로 다양한 기능이 쿠퍼의 공격적인 행동을 유지시키고 있는 것으로 파악되었다. 팀의 가설에 따르면, 쿠퍼가 문제 행동을 하는 것은 유치원 활동을 회피하기 위함이며, 그 활동은 ① 예측되지 않거나 기대치가 명확하지 않은 활동, ② 선호하지 않는 (어렵거나 따분한) 활동, ③ 소음이 많거나 많은 사람이 있는 활동이다. 또한 쿠퍼는 또래나 교사의 관심을 얻기 위한 목적으로 문제 행동을 한다는 가설이 설정되었다.

기능적 평가 과정은 긍정적 행동 지원 절차 중 가장 어렵고 시간이 많이 걸리는 단계다. 이 단계를 간과하거나 급하게 진행하지 않는 것이 매우 중요하다. 아동을 위해 개발된 행동 지원 계획은 가설 진술과 직접적으로 연계되어야 한다. 가설 진술이 행동 지원 과정과 확실하게 연계되지 않으면 계획은 실패할 가능성이 높다.

행동 지원 계획의 브레인스토밍

가설이 설정되면, 팀은 행동 지원 계획을 브레인스토밍 할 수 있다. 팀원 모두가 이 과정에 참여하는 것이 매우 중요하다. 왜냐하면, 계획을 실제로 이행할 사람들이 바로 팀원이기 때문이다. 행동 지원 계획은 네 가지 요소를 항상 포함해야 한다. 이 네 가지 요소란, ① 행동 가설 설정, ② 예방 전략 구체화, ③ 대체 기술 결정, ④ 행동에 대한 새로운 반응 진술을 말한다(Bambara & Kern, 2005). 앞서 행동 가설을 설정하는 방법을 설명하였고, 쿠퍼를 위한 가설 설정의 예를 제공하였다.

행동 지원 계획의 두 번째 요소는 문제 행동을 유발하는 자극과 직접적으로 연계된 예방 전략을 구체화하는 것이다. 예방 전략은 문제 행동의 발생을 완화할 수 있도록 상호작용, 교수, 환경, 활동, 자료, 기타 관련 자극을 수정하는 것이다(Kern & Clarke, 2005). 이러한 전략은 아동이 자신의 요구를 충족시키기 위해 문제 행동을 일으킬 가능성을 감소시킨다.

행동 지원 계획의 가장 중요한 요소로서 세 번째는 대체 기술 교수다(Halle, Bambara, & Reichle, 2005). 문제 행동을 대체할 수 있는 새로운 의사소통 양식을 아동에게 가르치는 것을 소홀히 한다면, 아동은 자신의 요구를 전달하는 방식으로 문제 행동을 계속할 가능성이 높다(Halle et al., 2005). 아동이 대체 기술을 빨리 학습할수록 문제 행동 또한 신속하게 감소될 것이다. 그러므로 팀은 대체 기술 학습이 확실하게 이루어지도록 효율적이며 효과적인 교수 방법이 사용되는지를 반드시 확인해야 한다.

대체 기술은 하루 중 언제라도 아동이 문제 행동을 하지 않을 때와 교수 기회가 포착되었을 때 지도해야 한다. 교수의 목적은 일상적인 일과 속에 가능한 한 많은 교수 기회를 삽입하는 것으로 해야 한다. 아동이 문제 행동을 하지 않을 때 가르쳐야 하는 이유는, 이때 아동이 가장 정보를 받아들이기 쉽고 교사나 또래의 지도를 수용할 가능성이 높기 때문이다. 교사는 대체 기술이 유의미하게 사용될 수 있는 일과 속에 교수를 삽입할 수 있도록 기회를 찾아야 한다. 예를 들면, 또래와의 상호작용을 위하여 또래의 어깨를 살짝 건드리는 것이 대체 기술이라면, 교사는 아동의 일과에서 그러한 기회를 준비해야 한다. 대집단 시간에 자료를 나눠 줄 때, 활동 파트너를 선택할 때, 장난감을 요청할 때와 같이, 아동이 새로운 기술을 사용하게끔 촉진할 수 있다.

온종일 기술을 가르칠 수 있는 기회를 준비하는 것과 더불어, 팀은 새로운 기술을 가르칠 때 이용할 체계적인 교수(혹은 촉진 체계) 방법을 결정해야 한다. 기술을 효율적으로 가르칠 수 있는 교수 방법으로서 연구에 근거한 방법은 상당히 많다(Bailey & Wolery, 1992; Grisham-Brown, Hemmeter, & Pretti-Frontczak, 2005). 교수가 무계획적으로 진행되면 기술을 습득하고 능숙하게 사용하는 데 요구되는 교수 시간이 더 많이 소요된다.

마지막으로, 문제 행동에 대한 새로운 반응을 계획에 포함하고 자연적인 환경에서 아동에게 기대되는 행동이 발생했을 때 적절한 반응 역시 계획에 포함시킨다. 아동이 원하는 강화제를 결국 얻어 내거나 요구가 충족되는 한 문제 행동을 계속할 것이다. 따라서 아동이 강화제를 절대 얻을 수 없도록 또는 후속 결과가 유지되지 않게 하는 계획을 세워야 하며, 동시에 바람직한 행동과 기술을 습득하고 행할 수 있게 촉진하는 전략을 사용해야 한다. 예를 들면, 조작하기 어려운 장난감을 가지고 놀기 위해 성인에게 노와 날라는 의노도 떼를 쓰는 아동이 있다면, 성인은 아동의 이와 같은 행동을 돕지 않도록 한다. 아동에게 도움을 제공하기 이전에 아동 스스로 도움을 요청하도록 촉진하는 것(예: "도와주세요."라고 말하거나 제스처를 사용하는 것)이 대안적인 전략이 될 수 있다.

쿠퍼의 이야기로 다시 돌아가서, 팀이 지원 계획을 개발하는 과정과 이 계획이 행동 가설과 어떻게 연계되는지 살펴보자.

쿠퍼를 위한 지원 계획은 쿠퍼의 공격적인 행동을 유지시키는 회피 및 관심 기능과 직접적으로 연관된 전략을 포함한다. 팀에서 결정한 예방 전략의 목록은 〈표 2〉에 제시되어 있으며, 모든 일과에서 이 전략을 사용하여 쿠퍼가 일과에서 기대되는 것을 이해할 수 있게 돕고, 활동의 예측성을 높인다. 예컨대, 시각적 단서를 이용하여 일과를 쉽게 예측하게 한다. 즉, 일과에서 기대되는 것과 활동의 순서를 쿠퍼가 이해할 수 있게 사진 자료와 함께 지시를 한다. 또한 쿠퍼에게 기대되는 행동(예: 착석 장소, 적절한 행동)에 대한 단서로 해당 영역에 사진을 놓아둔다. 그리고 사진판을 만들어 쿠퍼가 일과의 순서를 쉽게 알 수 있게 한다. 사진판은 쿠퍼가 예측할 수 있게 할 뿐만 아니라 시각적 촉진 역할도 하므로, 쿠퍼가 선호하지 않는 활동에도 좀 더 오래 참여할 수 있도록 돕는다.

팀에서는 선택의 기회, 쿠퍼의 선호, 흥미도가 높은 물건 등을 일상적인 일과와 활동 속에 통합하는 방법을 몇 가지 확인하였다. 쿠퍼가 활동을 선택하게 하고, 선호하는 물건과 흥미로운 자료를 제공함으로써 쿠퍼가 이전에 문제 행동을 보였던 활동에 좀 더 쉽게 참여하도록 돕는다. 아울러 선택이나 선호, 흥미가 높은 자료를 사용함으로써 쿠퍼가 활동에 좀 더 오래 머물게 하고, 문제 행동이 덜 나타나게 하며, 교사가 적절한 기술을 지도하고, 교사의 긍정적인 관심을 받게 한다. 쿠퍼에게 선택의 기회를 주고, 선호하는 물건 및 활동을 제공하는 것은 이전에 문제 행동을 촉발했던 사건에 쿠퍼가 대처할 수 있는 능력도 키워 줄 수 있다. 예를 들면, 계획이 실행에 옮겨지자 학급에서 다른 아이가 크게 울더라도 쿠퍼는 더 이상 산만해지거나 공격적이 되지 않았다. 현재 쿠퍼는 또래를 잠시 쳐다보다가 자신이 좋아하는 활동(자동차 그림책)에 다시 집중한다. 또 다른 예방 전략으로 이용한 것은 단짝(peer buddy)을 한 명 정하여 쿠퍼가 또래와 함께 놀이하고 적절한 행동을 학습하게 한 것이다. 단짝과 쿠퍼에게 선호도가 높은 장난감을 제공하여 이들이 놀이에 적극적으로 참여하도록 한다. 두 아동이 장난감을 공유하는 과정을 통해 쿠퍼는 긍정적인 사회적 상호작용을 시도하고 증가시키게 된다.

쿠퍼가 공격성 대신에 사용할 수 있는 적절한 대체 기술(replacement skills)을 가르치는 계획 또한 실행에 옮겨진다. 쿠퍼가 학습해야 하는 다섯 가지 우선적인 기술이 〈표 2〉에 제시되어 있다. 교수계획에 따르면, 쿠퍼가 자리에서 이탈하면 교사들은 결과 중심의 절차를 더 이상 사용하지 않고, 쿠퍼가 자신의 요구를 좀 더 적절한 방법으로 표현할 수 있게 가르칠 수 있는 자연적인 상황을 확인하는 노력을 해야 한다. 팀에서는 대체 기술을 하루 전체에 걸쳐서 지도한다는 사실을 인식한다. 쿠퍼가 다른 사람과 상호작용하고 반응할 수 있는 대안적 방법뿐 아니라 과제의 난이도 또는 환경적 민감성 때문에 활동을 종료하고자 할 때 사용할 수 있는 것이 대체 기술이다. 모든 활동에서 쿠퍼는 구어나 제스처를 통해 적절하게 시도하는 방법과 자신의 요구를 충족시키는 방법을 배울 것이다. 쿠퍼의 팀에서 검토한 구어적 · 비구어적 기술의 예가 〈표 3〉에 제시되어 있다.

교사는 대체 기술을 가르치기 위해 다양한 교수 전략을 사용할 계획이다. 구체적인 상황에 주의를 기울이면서 문제 행동이 발생하기 전에 쿠퍼가 획득하려는 것이나 회피하려는 것을 즉시 언어적으로 설명할 것이다. 이러한 설명에 이어 쿠퍼가 보여야 할 대체 행동에 관한 언어적 단서나 촉진을 제공할 것이다. 또한 교사는 대체 기술의 시범을 보일 것이다. 시범은 쿠퍼에게 대체 행동의 명확한 예시를 제시하는 것이다(예: "쿠퍼는 해리의 자동차를 가지고 놀고 싶구나. 해리에게 '나도 같이 놀고 싶어'라고 말해 봐.").

쿠퍼에게 가르치는 대체 행동은 또래와 함께 놀기를 시도하기, 포옹하자고 요청하기, 상호작용을 적절하게 종료하기 등과 같은 사회적 상호작용 기술을 포함할 것이다. 교사가 쿠퍼에게 가르치는 기술은 또래에게 포옹하자고 요청하는 것뿐만 아니라 적절한 힘으로 껴안기 또는 지나치게 오래 껴안지 않기 등을 모두 포함할 것이다. 또한 쿠퍼가 친구의 팔을 가볍게 치면서 "우리 포옹하자."라고 요청한 뒤에 친구가 팔을 벌릴 때까지 기다리도록 교사는 지도할 것이며, 쿠퍼가 또래를 포옹하면서 하나, 둘, 셋을 센 뒤 포옹을 끝낼 수 있게 지도할 것이다. 또래에게도 쿠퍼를 돕도록 요청하고, 이들이 팔을 벌려 쿠퍼를 포옹할 준비가 되도록 만들어야 한다. 쿠퍼는 또한 다른 아동이 가지고 노는 장난감을 자신도 가지고 놀 수 있는지 요청하는 법을 학습할 것이다. 쿠퍼는 대체 기술을 이용하여 활동을 끝내거나 쉬겠다고 표현하는 법도 배우게 될 것이다. 카드 크기의 '정지 신호(stop sign)'판을 쿠퍼에게 제공하여 쿠퍼가 활동을 끝냈거나 그만하고 싶을 때 교사에게 표지판을 보이며 "다 했어요."라고 말하도록 지도할 것이다. 쿠퍼가 표지판을 보이며 "다 했어요."라고 말하면 즉시 자리를 뜨거나 다른 활동을 할 수 있게 해 주거나, 또는 교실 뒤쪽의 조용한 공간으로 이동할 수 있게 허락할 것이다. 또한 '정지 신호' 판은 아동의 활동 전환을 돕는 시각적 촉진으로 효과적이다. 예를 들면, 쿠퍼가 화장실에서 손을 씻고 난 뒤에 화장실에서 즉시 안 나오는 것과 같이, 활동을 끝내는 데 어려움을 겪을 때 '정지 신호'가 효과적으로 사용된다.

환경적 자극에 민감한 쿠퍼가 이를 구어로 적절하게 표현하도록 가르칠 것이다. 쿠퍼가 혼자 있고 싶을 때 가까이에 있는 아동들에게 적절하게 요청하는 법을 지도하는 것이다. 예컨대, 한 아동이 쿠퍼와 아주 가까이 있을 때 쿠퍼의 기분이 점점 나빠지는 것을 교사가 관찰한다. 이때 교사는 쿠퍼가 원하는 것을 말해 준다(예: "쿠퍼는 혼자 있고 싶어. '좀 비켜 줘'라고 말해."). 학급의 다른 아동들에게도 쿠퍼가 이렇게 요청할 때는 자리를 비켜 주라고 가르친다. 혹시 다른 아동들이 비키는 것이 실제로 불가능한 상황이 간혹 일어난다면, 쿠퍼가 자리에서 일어나 조용한 공간에 가서 앉을 것인지를 선택하게 한다. 이렇게 새롭고 효과적인 기술은 쿠퍼가 타인과 의사소통하고 자신의 요구를 충족시킬 수 있게 쿠퍼의 역량을 강화시킨다.

또한 팀에서는 성인들이 쿠퍼를 대하는 행동을 바꾸는 여러 가지 구체적인 방법을 확인하였다. 〈표 2〉에 성인의 행동이 요약되어 있다. 예를 들면, 교사들은 지시를 전달하는 방법을 수정하는데, 쿠퍼의 수용언어와 표현언어 수준에 맞추어 명확하고 간결하게 요청할 것이다(예: "쿠퍼 앉아. 의자에 앉아."). 또한 구체적인 칭찬을 늘릴 것인데, 이는 쿠퍼가 긍정적인 관심을 많이 보이는 것은 물론 쿠퍼가 보이는 적절한 행동에 대해 피드백을 제공할 것이다. 쿠퍼의 산만함을 줄이고 예측할 수 있도록 교사는 새로운 활동이 시작되기 전에 모든 자료를 준비한다. 미리 자료를 준비함으로써 교사는 활동 비품에 쉽게 접근하게 되고, 일과를 분명하고 일관되게 진행할 수 있다. 따라서 쿠퍼가 다양한 활동을 회피하는 것을 누그러뜨릴 수 있다. 쿠퍼가 공격적이 될 때 교사는 관심을 다른 곳으로 전환시키고, 부적절한 행동을 무시하는 접근을 사용할 것이다. 그래서 쿠퍼에게 의도치 않게 관심을 보이는 일이 없게 만들 것이다.

쿠퍼의 행동 지원 계획을 검토하다 보면, 네 가지 요소(행동 가설 설정, 예방 전략 구체화, 대체 기술 결정, 행동에 대한 새로운 반응 진술)가 모두 적용되었음을 알 수 있다.

〈표 2〉 쿠퍼의 행동 지원 계획

예방 전략	대체 기술	성인의 반응
시각적 단서/사진 스케줄/정지 신호판	상호작용을 시작하거나 종료하는 방법을 지도한다.	명확하게 가르친다.
사회적 이야기	적절한 스킨십을 시작하는 방법을 지도한다.	다른 방향으로 유도하고 무시한다.
순서판	적절하게 휴식이나 도움을 요청하는 방법을 지도한다.	구체적으로 칭찬한다.
선택	환경 민감도에 반응하는 방법을 지도한다.	선택하게 한다.
선호하는 물건	선택하고 이를 표현하는 방법을 지도한다.	자료를 구비한다.

조작물		언어적 단서를 일관되게 사용한다.
조용한 공간의 제공		약속된 시간이 다가옴을 알려 준다.
쉬는 시간의 제공		시범을 보인다.
단짝		언어적 상호작용을 촉진한다.
산만하게 하는 요소 제거		어려운 활동을 모니터하고 예상한다.

〈표 3〉 쿠퍼가 학습하는 대체 기술

공격적 행동을 대체하기 위해 학습해야 할 기술	관심	회피
구어	"같이 하자."	"비켜!"
	"도와줘."	"쉬고 싶어."
	"안아 줘."	"다 했어."
비구어	함께 놀고 싶은 장난감으로 제스처하기	일과를 끝내거나 휴식을 요청하기 위해 정지 신호판으로 제스처하기
	안아 달라는 제스처하기	사진을 가리키거나 자리를 떠나기

행동 지원 계획 실시, 모니터링, 평가

행동 지원 계획이 세워지면, 팀에서는 일상적인 일과의 놀이 중에 계획을 실행하기 시작한다. 이는 활동의 재구조화, 환경적 지원의 제공, 성인과 아동 간 상호작용 방법의 변화를 동반하게 된다. 모든 성인이 자신이 무엇을 해야 하는지 명확하게 이해하고 실행할 수 있도록 계획은 반드시 쉬운 언어로 작성되어야 한다. 행동상담사가 팀원에게 계획 실행의 초기에 도움을 제공할 것이다. 모든 구성원이 새로운 절차에 편안함을 느낄 때까지 도움이 제공될 것이다.

계획의 실시와 함께 모니터링 양식이 반드시 사용되어야 한다. 팀은 계획이 잘 진행되고 있는지와 아동이 장기 목표를 달성했는지의 여부를 알 수 있는 객관적인 자료를 수집한다(Janney & Snell, 2000). 한두 가지 목표를 추적할 수 있도록 개별적으로 만들어진 간단한 평정척도나 체크리스트가 사용하기에 편리할 것이다. 왜냐하면, 학급의 바쁜 일과 속에서 자료를 수집하기에 가장 용이하기 때문이다. 예를 들면, 교사는 아동이 떼를 쓰는 횟수를 세면서 대집단 시간에 아동이 적극적으로 참여하는 시간이 감소하는지를 함께 관찰한다. 가정에서는, 특정 일과에서 아동의 정서적인 상태를 점검하기 위해 가족이 평정척도(예: 1=미소 지으며 협력하기, 2=약간의 문제 행동, 3=울며 저항하기)를 사용할 수 있다.

요 약

아동, 교사, 가족에게 중요한 성과를 가져올 수 있는 개별화 행동 지원 계획을 개발하는 데 긍정적 행동 지원은 효과적인 접근법이다. 과정은 다소 복잡하여 행동상담사의 지도가 필요하다. 최근 들어서 이 모델을 유아기에 적용하는 데 도움이 되는 구체적인 정보 및 자료를 많이 찾아볼 수 있다(www.csefel.uiuc.edu 혹은 www.challengingbehavior.org 참조). 이 접근은 쿠퍼의 성공적인 유치원 통합과 지원에 핵심적인 역할을 하였다. 끝으로 쿠퍼와 팀이 경험한 성과를 다음에 소개한다.

쿠퍼의 일상적인 유치원 활동에 통합된 중재 전략 및 대체 기술은 실제로 쿠퍼의 행동을 상당히 향상시켰으며, 공격적인 행동을 감소시키는 결과를 낳았다. 행동 변화를 측정하기 위하여 5일 동안 공격적인 행동의 발생 빈도를 기록하였다. 중재 이전에 공격적인 행동의 발생 빈도가 너무 높았기 때문에 교사들은 활동 시간의 첫 15분간만 측정하기로 하였다. [그림 1]은 자유놀이, 대집단, 소집단, 미술 활동, 바깥놀이 시간에 발생한 공격적 행동의 발생 빈도를 보여 준다. 중재가 시작되고 5일 안에 쿠퍼의 공격적 행동이 상당히 감소하였다. 공격적 행동의 감소와 더불어, 교사들과 부모는 쿠퍼가 교실과 가정에서 훨씬 행복해하는 것을 발견하였다. 팀이 목격한 바에 따르면, 쿠퍼는 행동 지원 계획이 실시되자 유치원과 가정에서 웃고, 뛰며, 손뼉을 치고, 춤추는 등의 행동을 많이 보였다. 중재가 적용된 후에 쿠퍼는 학습한 언어적 요구, 제스처, 신체적 애정 기술 등을 유치원과 가정에서 자발적으로 사용하였다. 쿠퍼가 학습한 새로운 대체 기술을 사용함으로써 쿠퍼는 언어적 혹은 비언어적으로 상호작용을 요청하거나 종료할 수 있게 되었으며, 학급의 또래들이 쉽게 이해할 수 있는 기술을 사용하였다. 부모도 쿠퍼가 가족에게 말을 훨씬 더 많이 하게 되었고, 자신이 좋아하는 장난감을 요청하고, 좋아하는 간식을 선택하고 표현한다고 하였다. 또한 이전에는 부모의 허락 없이 막무가내로 집을 뛰쳐나갔으나 중재를 적용한 후에는 부모에게 밖에 나가도 되는지 묻는다고 하였다. 학급 또래들과의 관계에서도 중요한 변화가 감지되었으며, 또래들이 쿠퍼와 상호작용하고 반응하는 방법에서도 변화가 일어났다.

이와 같은 행동 감소 및 포괄적인 지원 계획의 지속적인 효과에 따라, 팀에서는 쿠퍼가 유치원에서 퇴출당할 이유가 없다고 판단하였으며 계속 유치원에 다니는 것으로 결정하였다. 또한 부모와 교사들은 쿠퍼가 유치원에 하루 종일 머무는 것도 가능하다는 생각을 하였다. 모든 일과에 행동 지원 계획이 계속적으로 적용되면서 쿠퍼는 유치원에 머무는 시간의 변화에도 잘 적응하게 되었다. 쿠퍼가 유치원에 하루 종일 머무는 기간이 4주 동안 계속된 후, 교사들은 쿠퍼가 공격적인 행동을 하지 않았다고 보고하였다. 쿠퍼의 이와 같은 변화에 교사들은 만족하였으며, 쿠퍼가 학급의 리더 또는 교사의 도우미 역할을 자주 맡는다고 보고하였다.

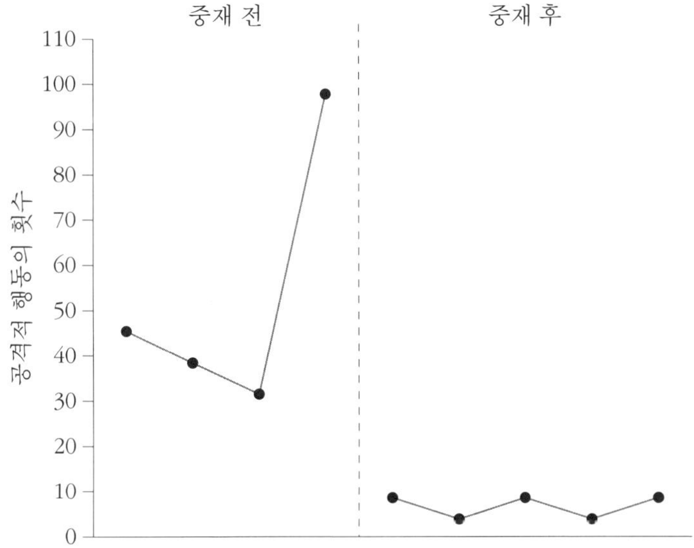

[그림 1] 특정 일과의 첫 15분간 발생한 공격적 행동의 횟수

주

Lise Fox(fox@fmhi.usf.edu)

참고문헌

Bailey, D., & Wolery, M. (1992). *Teaching infants and preschoolers with disabilities*. New York: Macmillan.

Bambara, L. M., & Kern, L. (2005). *Individualized supports for students with problem behaviors*. New York: Guilford Press.

Campbell, S. B. (1995). Behavior problems in preschool children: A review of recent research. *Journal of Child Psychology and Psychiatry, 36*(1), 113-149.

Carr, E. G., Horner, R. H., Turnbull, A. P., Marquis, J. G., Magito-McLaughlin, D., & McAtee, M. L. et al. (1999). *Positive behavior support as an approach for dealing with problem behavior in people with developmental disabilities: A research synthesis*. Washington, DC: AAMR.

Coie, J. D., & Dodge, K. A. (1998). Aggression and antisocial behavior. In N. Eisenberg (Ed.), *Hand book of child psychology: Vol. 3, Social, emotional, and personality development* (5th ed., pp. 779-862). New York: Wiley.

Conroy, M. A., Dunlap, G., Clarke, S., & Alter, P. (2005). A descriptive analysis of positive behavioral intervention research with young children with challenging behavior. *Topics in Early Childhood Special Education, 25*, 157-166.

della Cava, M. (2005, September 20). Out-of-line preschoolers increasingly face expulsion. *USA TODAY*, p. N1.

Dishion, T. J., French, D. C., & Patterson, G. R. (1995). The development and ecology of antisocial behavior. In D. Cicchetti & D. J. Cohen (Eds.), *Developmental psychopathology, Vol. 2: Risk, disorder, and adaptation* (pp. 421-471). New York: John Wiley & Sons.

Dobbs, M. (2005, May 17). Youngest students most likely to be expelled. *The Washington Post*, p. A02.

Donnellan, A. M., Mirenda, P. L., Mesaros, R. A., & Fassbender, L. L. (1984). Analyzing the communicative functions of aberrant behavior. *Journal of the Association for Persons with Severe Handicaps, 9*, 201-212.

Egeland, B., Kalkoske, M., Gottesman, N., & Erickson, M. F. (1990). Preschool behavior problems: Stability and factors accounting for change. *Journal of Child Psychology and Psychiatry, 31*, 891-909.

Fox, L., Dunlap, G., & Cushing, L. (2002). Early intervention, positive behavior support, and transition to school. *Journal of Emotional and Behavior Disorders, 10*(3), 149-157.

Fox, L., Dunlap, G., & Powell, D. (2002). Young children and challenging behavior: Issues and considerations for behavior support. *Journal of Positive Behavior Interventions, 4*, 208-217.

Grisham-Brown, J., Hemmeter, M. L., & Pretti-Frontczak, K. (2005). *Blended practices for teaching young children in inclusive settings.* Baltimore: Paul H. Brookes.

Halle, J., Bambara, L. M., & Reichle, J. (2005). Teaching alternative skills. In L. M. Bambara & L. Kern (Eds.), *Individualized supports for students with problem behaviors* (pp. 129-164). New York: Guilford Press.

Janney, R., & Snell, M. E. (2000). *Behavioral support.* Baltimore: Paul H. Brookes.

Kern, L., & Clarke, S. (2005). Antecedent and setting event interventions. In L. M. Bambara & L. Kern (Eds.), *Individualized supports for students with problem behaviors* (pp. 201-236). New York: Guilford Press.

Kern, L., O'Neill, R. R., & Starosta, K. (2005). Gathering functional assessment information. In L. M. Bambara & L. Kern (Eds.), *Individualized supports for students with problem behaviors* (pp. 129-164). New York: Guilford Press.

Lewin, T. (2005, May 17). Research finds a high rate of expulsions in preschool. *The New York Times*, p. E1.

Nielsen, S. L., Olive, M. L., Donovan, A., & McEvoy, M. (1998). Challenging behaviors in your classroom? Don't react-Teach instead. *Young Exceptional Children, 2*(1), 2-10.

O'Neill, R. E., Horner, R. H., Albin, R. W., Storey, K., Sprague, J. R., & Newton, J. S. (1997). *Functional Assessment of problem behavior:*

A practical assessment guide. Pacific Grove, CA: Brookes/Cole.

Pierce, E. W., Ewing, L. J., & Campbell, S. B. (1999). Diagnostic status and symptomatic behavior of hard-to-manage preschool children in middle childhood and early adolescence. *Journal of Clinical Child Psychology, 28*, 44–57.

Reid, J. B. (1993). Prevention of conduct disorder before and after school entry: Relating interventions to developmental findings. *Development and Psychopathology, 5*, 243–262.

친구는 반드시 있어야 해

유아 간 교우 관계 촉진하기

Phillip S. Strain, Ph.D., University of Colorado at Denver
Gail E. Joseph, Ph.D., University of Denver

시저는 유치원에서 인기가 많은 유아 중 한 명이다. 시저는 독특하면서도 재미있는 게임을 잘 만들어 내고 또래들과 함께 이러한 게임을 즐긴다. 그리고 또래와 장난감과 자료를 잘 공유하고, 모든 아이들이 만족하는 협상안을 제안하기도 한다. 시저는 잘 웃고, 매사에 열심이며, 또래가 함께 놀기를 청하거나 다른 놀이 방법을 제안하더라도 대부분 수용한다. 시저는 또래에게 친절하고, 또래의 성취를 축하해 준다. 그래서 활동 시간에 함께할 짝을 선정할 때면 많은 아이들이 시저의 짝이 되고 싶어 한다.

클로에는 시저의 급우다. 클로에는 유치원에 있는 대부분의 시간을 교사 주위에 머물며, 집단놀이를 하는 친구들 주위를 가끔 배회한다. 클로에는 또래들에게 말을 잘 하지 않고, 또래들도 클로에에게 거의 말을 걸지 않는다. 사실상 클로에는 많은 기술을 가지고 있다.

장난감과 도구로 놀이하는 방법을 알고 있으며, 상상놀이 속 이야기에 대해서도 잘 알고 있다. 그렇지만 놀이 활동에서 또래에게 선택되는 일은 거의 없다. 클로에는 자신만의 사회적 고립 상태에서 슬퍼 보일 때도 있다.

시저와 클로에의 행동은 상당한 차이가 있다. 시저에게는 시저를 옹호하고 지지하며 원하는 급우들이 많은 반면에, 클로에는 학급에서 투명인간과 같다. 아무도 "클로에 어디 있어?" "클로에가 필요해." "클로에, 이리 와."라고 말하지 않는다. 시저와 클로에가 경험하는 사회적 세계의 차이는 유아기의 매우 상이한 발달 궤도를 예측할 수 있을 뿐 아니라, 이것이 전 생애로 이어지는 결과를 낳을 수도 있다. 종단 회고 연구(longitudinal and retrospective research)(Hartup & Moore, 1990; Howes, 1990; Kupersmidt, Coie, & Dodge, 1990)에 따르면, 시저는 자신감, 지속적인 우정, 학교에서의 성공, 건강한 성인기 적응 등의 발달 궤도에 있는 것이 분명하다. 그러나 안타깝게도 클로에는 심각한 고립, 외로움, 성인기 정신건강 문제 등의 발달 궤도에 놓여 있다. 어린 시절의 교우 관계(friendship)는 전 생애의 사회적 적응에 대한 가장 유력한 예측 요인이 되는 것으로 밝혀졌다(Strain & Schwartz, 2001).

어떤 행동이 교우 관계를 이끄는가

유아들이 놀이를 할 때 보이는 몇 가지 행동이 친구 사귀기와 직접적인 연관이 있음이 밝혀졌다(Tremblay, Strain, Hendrickson, & Shores, 1981). 즉, 친구를 많이 사귀는 아동이 보이는 몇 가지 특징적인 행동이 있다는 것이다. Tremblay와 동료들이 확인한 행동은 첫째, 놀이 구성하기(organizing play)로 "트럭 놀이하자."와 같이 유아들 사이에 "……하자."라고 하는 것이다. "……하자."라고 표현한 뒤에는 대개 역할에 관한 제안(예: "네가 운전사 해.")이나 구체적인 활동(예: "내게 굴려 봐.")이 뒤따른다. 둘째, 공유하기(sharing)로 유아들 사이에 이것은 다양한 형식으로 나타난다. "내가 물감 써도 돼?"와 같은 표현으로 요구할 수도 있고, 또래의 요구에 기꺼이 응하기도 한다. 셋째, 타인 돕기(assisting others) 또한 유아 수준에서 여러 형태로 나타나는데, 서로 도우며 직접 무엇인가를 하는 것, 친구에게 놀이 방법을 말하거나 보여 주는 것, 도움이 필요한 누군가를 돕는 것 등이 있다. 넷째, 칭찬하기(giving compliments)는 유아들 사이에 흔히 나타나는 행동은 아니지만 교우 관계를 형성하는 데 매우 효과적으로 작용한다. 유아들은 친구의 성공이나 놀이에서의 성취(예: 블록으로 쌓은 건물, 미술 작품, 놀이터에서 보이는 재주), 외모(예: 옷, 신발, 장신구, 머리 모양)에 대해 칭찬을 한다.

이러한 네 가지 행동 외에도 교우 관계는 다음과 같은 두 가지 형태의 상호작용(상호성 지속 시간)에 의해 좌우된다. 첫째, 아동들의 상호작용은 일방적이 아니라 상호적이어야 한다(Guralnick, 1990;

Tremblay et al., 1981). 상호성은 두 가지 차원을 지닌다. 처음에 아동은 다른 아동의 사회적 시도에 반응을 보여야 한다. 그리고 장기간(즉, 수개월)에 걸쳐 두 아동이 유사한 횟수로 서로에게 상호작용을 시도하는 것이 중요하다. 상호성과 더불어 상호작용의 지속 시간도 중요하다. 즉, 두 아동이 친구라면 두 사람이 함께하는 시간이 길어진다.

지금부터 교사가 아동 간의 교우 관계를 촉진하기 위해 사용할 수 있는 전략을 차례대로 설명하고자 한다. 구체적으로, 놀이를 할 수 있는 환경을 마련하고, 교우 관계를 촉진하는 전략(즉, 교수 전략과 연습 기회를 지원하는 전략)을 강조할 것이다.

교우 관계 형성을 위한 환경 구성

또래에게 친절하고 상냥하게 행동하기를 지도하기에 앞서 교사는 학급의 다섯 가지 요소를 살펴볼 필요가 있다. 첫째, 장애를 가진 아동이 자연스러운 비율로 의미 있게 소속된 통합학급이어야 한다 (Guralnick, 1990).

둘째, 아동들이 서로 협력하여 사용할 수 있는 장난감이나 자료를 미리 구비해 두어야 사회적 상호작용의 기회가 많아진다(Hendrickson, Strain, Tremblay, & Shores, 1982; Ivory & McCollum, 1999). 아동들이 협력하여 사용할 수 있는 장난감은 두 명 이상의 아동이 함께 놀이를 할 수 있는 것이다. 예컨대, 공, 인형극 인형, 짐마차, 시소, 변장용 소품, 보드게임 도구 등은 아동들이 서로 협력해야 놀이가 가능하다.

셋째, 학급의 모든 일과를 점검하여 사회적 상호작용 교수 및 연습 기회를 삽입해야 한다(Brown & Odom, 1994; McEvoy, Fox, & Rosenberg, 1991). 교사가 학급 일과에 사회적 상호작용 연습 기회를 삽입한 예가 〈표 1〉에 제시되어 있다.

넷째, 사회적 상호작용 교수 및 연습 기회의 중요성을 반영하여 사회적 상호작용 목표를 IEP 또는 IFSP에 포함시켜야 한다. 사회적 능력에 관한 목표가 아동 발달에 매우 중요함에도 IEP나 IFSP에 포함되지 않는 경우가 종종 있다(McConnell, McEvoy, & Odom, 1992).

다섯째, 교사는 교우 관계 정신(ethos of friendship)이 배어 있는 학급 분위기를 만들기 위해 노력해야 한다(Fox, Dunlap, Hemmeter, Joseph, & Strain, 2003). 이러한 노력이 성공적으로 이루어진 학급에서는 아동들이 서로에게 친절하고 호의적으로 행동할 때 성인이 관심을 기울이고 시간을 할애하는 것을 목격할 수 있다. 또한 성인들이 서로에게 다정하게 이야기하는 것을 볼 수 있으며, 아동들도 서로 친절하고 상냥하게 대하는 모습을 볼 수 있다. 전반적으로 교우 관계가 궁극적인 목표임을 엿볼 수 있다.

〈표 1〉 교우 관계 형성 기회가 삽입된 일과의 예

도착	• 통학버스에서 교실까지 동행할 짝을 찾는다. • 한 아동이 '맞이하는 사람(greeter)'이 되어 아동들이 교실에 들어오면 한 명씩 이름을 부르며 맞이한다.
이야기 나누기 시간	• 대집단 시간에 사용할 소품을 나누어 줄 아동을 선정한다. 선정된 아동이 소품이 든 상자를 들고 원형으로 앉은 아동들 앞을 돌면서, 각 아동 앞에 서면, 다른 아동들이 그 아동

	의 이름을 함께 부르며 "……를 뽑아라."라고 말한다. 그러면 그 아동은 "(소품을 든 아동)야, 고마워."라고 말하고 소품을 하나 갖는다. 이렇게 해서 모두가 한 가지 소품을 갖게 되면 친구끼리 서로 바꿀 수도 있다. 아동들은 자유선택 시간에 소품으로 함께 놀이할 짝을 찾는다. 짝이 된 아동들은 먼저 어디에서 놀 것인지를 함께 결정해야 한다.
자유선택 놀이	• 아동들은 자유선택 시간의 첫 10분 동안 짝(교사가 배정하거나 자신들이 선택함)과 함께 놀이를 한다. 만약에 자유선택 시간 내내 짝과 함께 놀았다면 이들은 특별한 보상(예: 스티커, 손도장)을 받는다. • 성인은 아동 간의 친절하고 상냥한 행동을 관찰하고 강화를 제공한다. • 두 명이 같이 놀 수 있는 탁자를 준비한다. 이 탁자에는 아동들이 무척 좋아하는 장난감을 비치하고, 이 탁자에서 놀이를 하려면 반드시 친구와 함께해야 한다고 알려 준다.
소집단 시간	• 짝과 함께 만들어야 하는 미술 프로젝트를 계획한다. • 다양한 보드게임 방법을 지도한다. • 소집단 프로젝트에 필요한 여러 가지 자료를 각 아동마다 담당하게 한다(예: "토미가 풀을 가지고 있어." "헬렌은 스팽글을 가지고 있어." "헤일리는 종이를 가지고 있어."). 또래가 가진 자료를 요청할 때 반드시 또래의 이름을 먼저 부르게 한다. • 성인은 아동들이 자료를 나누어 쓰는 것을 칭찬한다.
바깥놀이	• 실외에서 협력하여 놀 수 있는 장난감(예: 타이어 그네, 짐마차, 2인용 세발자전거, 공)을 미리 준비한다. • 또래와 함께할 수 있는 놀이를 구상한다. • 성인은 아동들의 친절한 행동을 관찰하여 적절한 때에 이를 강화한다.
간식	• 각 아동이 간식 품목을 한 가지씩 담당하도록 한다(예: 조이는 주스, 헤일리는 크래커, 샘은 귤, 벤은 컵을 담당한다). • 아동들은 또래가 가지고 있는 간식 품목을 요청해야 한다. • 성인은 아동들이 간식을 함께 나누는 것을 강화한다.

책 읽기 시간	• 우정에 관한 주제가 담긴 책을 선정한다. • 아동은 친구와 같이 앉아 책을 읽는다.
대집단 시간	• '칭찬 곰'을 아동들 사이에 돌리며 친구를 칭찬하는 시간을 갖는다. • 한 아동을 선정하여 그 아동이 사물함에서 아동들의 가방을 꺼내어 각 아동에게 전달하는 역할을 맡는다. • 한 아동이 각 아동에게 작별 인사를 한다.
전이	• 자유선택 시간에 놀이 영역이 아니라 친구를 선택한다(친구 사진 스케줄을 이용한다). • 한 활동에서 다른 활동으로 전환할 때, 아동은 친구의 손을 잡고 이동한다. • 실외에서 실내로 들어올 때, 한 아동이 각 아동에게 하이파이브를 한다. • 정리 시간에 아동들이 서로 돕는 행동을 강화한다.

교우 관계 촉진 전략

아동 간 교우 관계를 촉진하기 위해 환경 구성은 필수적인 요소다. 친구를 사귀는 데 필요한 기술을 습득하기까지 체계적인 지도를 필요로 하는 아동도 있다(Strain & Schwartz, 2001). 예를 들면, 적절한 행동을 가르치는 교수 활동을 실시하고, 또래와 성인이 피드백을 제공하며 연습하는 전략이 필요한 경우가 있다.

교수 활동 실시

친구를 사귀는 기술을 가르치는 데 효과적인 방법으로 '역할놀이 모델링(role-play modeling)'이 있다. 이는 성인, 또래, 인형 등을 이용하여 교우 관계 기술을 보여 주거나 친구에게 친절하게 행동하는 모습을 담은 '비디오 모델링'을 포함한다(Webster-Stratton & Hammond, 1997). 역할놀이 모델링 중재를 실시할 때는 적절한 예는 물론 부적절한 예와 함께 올바른 반응 기회를 제시하는 것이 좋다.

효과적인 역할놀이 모델링 전략의 지도 원리에는 다음과 같이 네 가지가 있다. 첫째, 무형의 지원(invisible support)을 사용하는 것이다. 이것은 교우 관계 기술을 자연스럽게 모델링할 것으로 믿는 아동에게 먼저 역할놀이를 요청하고, 그다음에 도움이 조금 필요한 아동에게 요청한다.

둘째, 아동이 또래들 앞에서 교우 관계 기술을 모델링할 때 적절하게 수행하지 못한다면 다시 기회를 주어 아동이 기술을 확실하게 보여 줄 수 있게 지원해야 한다. 이러한 기회를 통하여 아동은 교사로부터 긍정적인 강화를 받게 된다.

셋째, 보통 역할놀이는 한 번에 1~2명의 아동을 교사가 상대하므로, 학급의 나머지 아동들도 적극적으로 참여할 수 있는 방법을 계획해 두는 것이 필요하다. 예를 들면, 친구에게 하는 친절한 행동에 대해서는 '엄지 치켜 세우기(thumbs up)', 불친절한 행동에 대해서는 '엄지 거꾸로 세우기(thumbs down)', 자신이 이미 잘하고 있는 행동이 모델링되면 자신의 등을 가볍게 두드리기, 역할놀이가 끝나면 박수 치기, 역할놀이가 시작되기 전에 "준비, 시작!"이라고 외치기, 웃는 얼굴과 우는 얼굴 스티커를 붙인 막대를 들고 있기(모델링되는 행동이 친절한 행동이면 웃는 얼굴, 불친절한 행동이면 우는 얼굴을 보여 주기) 등을 할 수 있다.

넷째, 마지막 원리는 모든 아동에게 공평한 기회를 보장하는 이슈에 관한 것으로, 누가 역할놀이에 참여하였는지를 꼼꼼하게 기록하여 학급의 모든 아동이 일주일에 1회씩 기회를 가지게 한다.

앞서 설명한 것과 같이, 역할놀이 모델링을 실시할 때 비디오 사례를 이용하는 것도 효과적이다(Webster-Stratton & Hammond, 1997). 비디오 중심의 모델링이 효과적인 것은 특히 다음과 같은 이유 때문이다. 첫째, 비디오는 아동이 적절한 행동을 수행하는 것을 정확하게 포착할 수 있다. 이렇게 비디오에 담긴 예를 이용하여 행동은 물론 그 행동이 일어난 상황에 관하여 이야기를 나눌 수 있다. 또한 비디오는 아동이 보고 연습할 수 있는 기준이 될 수 있다. 적절하지 않은 행동의 예도 비디오에 담을 수 있다. 이는 아동이 적절한 행동과 부적절한 행동을 구별하도록 지도하는 데 이용될 수 있고, 아동이 처음에 생각한 아이디어가 효과적이지 않을 때 해결 방법이나 대안 행동을 고안하는 데 이용될 수도 있다. 둘째, 비디오는 잠시 정지시키는 기능이 있으므로, 강조하고자 하는 행동과 그 행동이 발생하는 상황을 포착하여 아동에게 보여 줄 수 있다. 그리고 비디오 속의 주인공이 적절한 행동이나 부적절한 행동을 보일 때 이를 시청하는 아동은 다음에 무슨 일이 일어날 것인지 예측할 수 있다. 셋째, 비디오의 구성 방식 자체가 아동의 주의를 유지시키는 힘이 있다.

비디오와 유사하게 인형 또한 유아들에게 효과적으로 사용된다(Webster-Stratton & Hammond, 1997). 유아들의 놀이는 흔히 상상의 세계를 포함하므로, 유아가 긍정적인 교우 관계 기술을 모델링할 때 인형을 가지고 많이 하게 된다. 성인이 인형을 조정할 경우, 인형은 반응적인 놀이 파트너가 될 수 있다. 또한 인형으로 긍정적인 놀이 방법을 모델링할 수 있으며, 적절하게 계획된 상황에서 나쁜 예도 모델링할 수 있다. 아동의 이미지와 유사한 인형이 특히 효과적인데, 그 이유는 아동에게 가장 익숙한 모델이 되기 때문이다. 즉, 아동은 자신과 닮은 모델의 행동을 따라 하기 쉽다. 성인보다 인형에게 자신의 감정과 친구 문제를 쉽게 털어놓는 아동도 있는데, 과거에 성인들과 신뢰 관계를 쌓지 못한 아동의 경우 특히 그러하다(Wusterbarth & Strain, 1980).

연습 기회 지원

앞서 설명한 것과 같이, 친구 사귀는 기술을 체계적으로 가르칠 수 있는 구체적인 활동을 개발하는 것 외에, 교사는 하루 일과와 활동 전체에 걸쳐 학습 기회를 찾아야 한다(〈표 1〉 참조). 그런데 학습 기회를 최대한 활용하기 위해서는 교사가 반드시 교수 및 지원 전략을 체계적으로 삽입해야 한다(Horn, Lieber, Schwartz, & Sandall, 2000). 이러한 교수 및 지원 전략은 반드시 또래와 성인의 행동을 포함한다.

또래의 지원 전략

비장애 아동이 교우 관계 기술이 부족한 특수아동을 도울 때, 특수아동과의 관계에서는 통상적인 사회적 규칙이 적용되지 않을 수 있음을 알고 있어야 자신이 거부당한다는 기분을 느끼지 않게 된다(Strain, 2001). 일반적으로 비장애 아동 간의 상호작용은 상호적이다. 그런데 특수아동은 또래와의 상호작용 기술을 하나씩 배워 나가야 하므로, 처음에는 친구의 접근을 거부하거나 놀이를 거의 시작하지 않는다. 특수아동이 교우 관계 기술에 있어 좀 더 능숙해질 때까지 비장애 아동이 포기하지 않고 사회적 행동을 지속할 수 있게 역할놀이와 시연 전략을 사용하여 가르친 예를 보여 주는 연구가 하나 있다(Strain, 2001). 간단하게 소개하면, 성인이 또래의 거부 행동을 보여 주고 언어적 피드백을 제공한다(예: "네가 놀자고 얘기하면 친구가 이렇게 행동할 수도 있어."). 그다음에 강화시킬 대안적 행동을 제공한다(예: "만약 그렇다면 다시 시도해 봐." "잘했어. 다시 시도했구나.").

아동의 교우 관계 기술을 향상시키는 한 가지 방법으로 '단짝 제도(buddy system)' 또한 효과적인 전략으로 인식되고 있다(Odom & Brown, 1993). 이 방법은 계획된 놀이 활동에서 특정 아동과 자유놀이를 시작할 수 있도록 자유놀이 시간 직전에 단짝의 역할을 부여하는 것이다. 단짝 제도를 활용하기 위해서는 다음과 같은 몇 가지 규칙을 따라야 한다. 첫째, 특수아동에게는 반드시 2명 이상의 단짝이 있어야 한다. 이렇게 해야 사회적으로 유능한 아동들이 항상 놀이를 즐겁게 할 수 있으며, 놀이에 관한 다양한 아이디어를 최대한 활용하는 상황을 만들 수 있다.

둘째, 단짝을 순환시키는 것이 매우 중요한데, 그 이유는 특수아동이 여러 아동과 만나면서 교우 관계 기술을 폭넓게 접할 수 있기 때문이다. 또 다른 이유는 단짝이 한 아동과만 항상 놀아야 하는 책임감 때문에 자신의 역할에 대해 부정적이 되거나 지치는 상황을 예방하기 위해서다.

셋째, 단짝 제도를 최대한 활용하려면, 아동들 사이에 가장 인기 있는 아동과 도움이 가장 많이 필요한 아동을 짝짓는 것이 좋다. 이러한 조합이 이루어지면, 아동들은 인기 아동의 행동을 보면서 자연스럽게 또래 지원을 모방하게 된다.

넷째, 놀이 시간이 끝날 때 단짝으로 활동한 것에 대해 구체적인 칭찬을 해야 한다. 구체적인 칭찬이란 배정된 짝과 사이좋게 상호작용한 내용을 구체적으로 열거하며 칭찬하는 것이다.

성인의 교수 및 지원 전략

교사는 다양한 교수 전략을 이용하여 아동들이 친구를 사귀는 기술을 배우고 사용하는 가능성을 높일 수 있다. 이러한 전략의 예로는 미리 알려 주기(priming), 놀이 방법 제안하기, 직접적인 모델 제공하기, 적절한 행동에 대한 강화 제공하기 등이 있다.

교사는 구체적으로 미리 알려 주기 기술을 이용하여 아동이 교우관계 기술을 사용할 가능성을 높일 수 있다. 예를 들면, 자유놀이 시간이 시작되기 전에 교사는 아동에게 누구와 놀 것인지, 또는 어떤 장난감으로 같이 놀 것인지를 물어보고 연습 기회를 제공한다. 연습 기회의 예를 들면, "조시야, 내가 코디인 것처럼 하자. 네가 내게 트럭으로 놀자고 말할래?" 라고 교사가 말한다. 그러면 조시는 물어보는 것을 연습하게 되는데, 이때 성인의 촉진이 있을 수도 있고 없을 수도 있다. 그리고 조시가 놀자는 사회적 시도를 하면, 성인이 강화를 하거나 교정 피드백을 제공한다.

교사는 제안을 하거나 역할 전환을 촉진함으로써 놀이의 지속 시간을 늘릴 수 있다(Bovey & Strain, 2003). 놀이 아이디어의 확장은 극놀이를 펼칠 수 있게 새로운 놀이 방법을 제안하는 것일 수 있고, 게임이나 활동에 더 많은 아동을 포함시키는 것일 수도 있다. 아동들이 함께하던 놀이에서 점차 소외되는 것이 발견되면, 교사는 극놀이의 역할을 서로 바꾸도록(예: "이제 ○○가 엄마가 되고, □□는 아기가 되면 어떨까?") 제안한다. 이렇게 함으로써 아동들은 다시 놀이에 집중할 수 있고, 이들의 사회적 접촉은 좀 더 길어질 수 있을 것이다.

아동들이 사이좋게 놀이를 할 수 있게 만드는 또 다른 방법은 놀이 파트너로서 바람직한 행동을 직접 모델로 보여 주는 것이다. 아동들의 놀이가 약간 시들해지면, 교사가 놀이에 직접 참여하여 바람직한 행동을 구체적으로 모델링한다. 예컨대, 두 아동이 같이 놀고 있는 상황에 교사가 합류하여 장난감을 공유하는 행동을 시범 보인다.

이제 막 싹트기 시작하는 긍정적인 행동을 강화하는 것은 매우 중요하다. 이와 동시에 강화를 적절하게 사용하는 것 또한 중요한데, 이는 여러 가지 주요 요인을 고려해야 한다. 강화 제공 시기(timing of reinforcement delivery)가 핵심이다. 아동들이 우호적인 행동을 나타내고 있을 때는 강화 제공을 잠시 보류하는 것이 좋다. 언뜻 납득이 잘 안 될 수도 있겠지만, 아동들이 놀고 있을 때 성인이 관심을 보이는 것이 오히려 놀이를 중단시키는 결과를 초래할 수 있기 때문이다(Timm, Strain, & Eller, 1979). 따라서 우호적인 놀이가 끝난 직후에 강화를 제공하는 것이 바람직하다. 아동들의 우호적인 놀이에 대해 강화를 할 때는 교사가 관찰한 행동을 구체적으로 묘사하는 것이 필요하다. "둘이서 사이좋게 잘 놀았구나."라고 말하기보다 "차례를 잘 지키고 서로에게 친절하게 말했구나."라고 한다. 이렇듯 구체적인 설명을 해야 아동은 자신의 행동에 대한 구체적인 피드백을 받게 된다. 많은 아동들의 경우, 초기에는 강화가 많이 필요할 수 있다. 그러나 아동이 긍정적인 행동을 보이기 시작하면 구체적인 피드백을 서서히 줄여 나갈 필요가 있다. 최종적인 목표는 교사의 모든 강화를 제거하는 것이 아니라 즐겁게 놀이할 수 있는 충분한 기회를 제공하여 그 자체가 강화제가 되도록 하는 것이다.

결 론

수천 년 전 아리스토텔레스는 우정에 대해 "다른 모든 것을 가졌으나 친구가 없는 삶을 누가 선택하겠는가?" 라고 하였다. 아리스토텔레스가 옳았음은 오랜 시간에 걸쳐 수행된 수많은 연구들이 증명하고 있다(Asher & Renshaw, 1981; Shonkoff & Phillips, 2000). 대부분의 특수아동이 세심한 가르침이 없으면 교우 관계 기술을 가질 수 없다는 것도 많은 연구에서 밝히고 있다. 이 논문에서는 유치원 과정에서 교우 관계에 영향을 미치는 구체적인 기술을 설명하였다. 여기에서 설명된 기술과 행동 패턴이 바로 교우 관계를 개발하는 교수의 범위가 될 것이다. 교우 관계 발달을 촉진하는 교실 환경을 조성하기 위한 다양한 전략 또한 본문에서 설명되었다. 마지막으로, 교우 관계 기술을 가르치는 전략 중 특히 임상적 근거를 지닌 전략이 소개되었다.

모든 교사들이 겪는 어려움 중의 하나가 바로 자신이 가진 제한된 자원을 가장 효율적으로 분배하는 방법을 찾는 것이다. 이 논문의 저자들이 교사들에게 강조하고자 하는 것은 교우 관계 기술이 매우 중요한 기본적인 기술이라는 점이다. 아울러 아동이 '모두가 내 이름을 아는 세상'에서 살아가는 기회를 최대화할 수 있는 일련의 전략을 사용해 볼 것을 기대한다.

주

Phillips Strain(phil.strain@cudenver.edu)

참고문헌

Asher, S. R., & Renshaw, P. D. (1981). Children without friends. In S. Asher & J. Gottman, (Eds.), *The development of children's Friendships* (pp. 273-296). New York: Cambridge Press.

Bovey, E. H., & Strain, P. S. (2003). *Promoting positive peer social interactions.* Center on the Social and Emotional Foundations for Early Learning: What Works Brief. Retrieved on June 14, 2006 from http://www.csefel.uiuc.edu

Brown, W. H., & Odom, S. L. (1994). Strategies and tactics for promoting generalization and maintenance of young children's social behavior. *Research in Developmental Disabilities, 15*(2), 99-118.

Fox, L., Dunlap, G., Hemmeter, M. L., Joseph, G. E., & Strain, P. S. (2003). The Teaching Pyramid: A Model for Supporting Social Competence and Preventing Challenging Behavior in Young Children. *Young Children, 58*(4), 48-52.

Guralnick, M. J. (1990). Social competence and early intervention. *Journal of Early Intervention, 14*, 3-14.

Hartup, W. W., & Moore, S. G. (1990). Early peer relations: Developmental significance and prognostic implications. *Early Childhood Research Journal, 5*, 1-17.

Hendrickson, J. M., Strain, P. S., Tremblay, A., & Shores, R. E. (1982). Relationship between toy and material use and the occurrence of social interactive behaviors by normally developing preschool children. *Psychology in the Schools, 19*, 212-220.

Horn, E. M., Lieber, J., Schwartz, I., & Sandall, S. (2000) Supporting young children's IEPs in inclusive settings through embedded learning opportunities. *Topics in Early Childhood Special Education, 20*(4), 208-223.

Howes, C. (1990). Social status of friendship from kindergarten to third grade. *Journal of Applied Developmental Psychology, 11*, 324-330.

Ivory, J. J., & McCollum, J. A. (1999). Effects of social and isolate toys on social play in an inclusive setting. *Journal of Special Education, 32*(4), 238-243.

Kupersmidt, J. B., Coie, J. D., & Dodge, K. A. (1990). The role of poor peer relationships in the development of disorder. In S. Asher & J. Coie (Eds.), *Peer Rejection in Childcare* (pp. 274-305). New York: Cambridge University Press.

McConnell, S. R., McEvoy, M. A., & Odom, S. L. (1992). Implementation of social competence interventions in early childhood special education classes: current practices and future directions. In S. L. Odom, S. R. McConnell & M. A. McEvoy (Eds.), *Social competence of young children with disabilities* (pp. 277-306). Baltimore: Brookes.

McEvoy, M. A., Fox, J. J., & Rosenberg, M. S. (1991). Organizing preschool environments: Suggestions for enhancing the development/learning of preschool children with handicaps. *Topics in Early Childhood Special Education, 11*(2), 18-28.

Odom, S. L., & Brown, W. H. (1993). Social interaction skills interventions for young children with disabilities in integrated settings. In C. A. Peck, S. L. Odom & D. D. Bricker (Eds.), *Integrating young children with disabilities into community programs.* Baltimore: Brookes.

Shonkoff, J. P., & Phillips, D. A., (Eds.) (2000). *From neurons to neighborhoods: The science of early childhood development.* Washington, DC: National Academy Press.

Strain, P. S. (2001). Empirically-based social skill intervention. *Behavioral Disorders, 27,* 30-36.

Strain, P. S., & Schwartz, I. (2001). Applied behavior analysis and social skills intervention for young children with autism. *Focus on Autism and Other Developmental Disorders, 8,* 12-24.

Timm, M. A., Strain, P. S., & Eller, P. H. (1979). Effects of systematic, response-dependent fading and thinning procedures on the maintenance of child-child interaction. *Journal of Applied Behavior Analysis, 12,* 308.

Tremblay, A., Strain, P. S., Hendrickson, J. M., & Shores, R. E. (1981). Social interactions of normally developing preschool children: Using normative data for subject and target behavior selection. *Behavior Modification, 5,* 237-253.

Webster-Stratton, C., & Hammond, M. (1997). Treating children with early onset conduct problems: A comparison of child and parent training interventions. *Journal of Consulting and Clinical Psychology, 65*(1), 93-109.

Wusterbarth, N. J., & Strain, P. S. (1980). Effects of adult-mediated attention on the social behavior of physically-abused and neglected preschool children. *Education and Treatment of Children, 3,* 91-99.

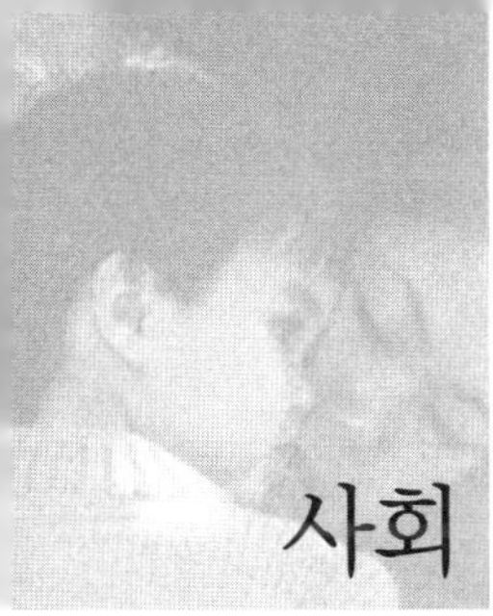

사회 · 정서적 중재를 위한 진단평가

부모-자녀 상호작용의 개별 성장 및 발달 지표

Kathleen M. Baggett, Ph.D., University of Kansas
Judith J. Carta, Ph.D., University of Kansas

영아 헤드 스타트 프로그램의 순회교사 조디는 영아들의 가정을 매주 방문한다. 조디는 유아기의 부모-자녀 상호작용이 사회 · 정서적 발달에 중요한 역할을 한다는 사실을 잘 알고 있다. 특히, 영아기의 부모-자녀 상호작용은 긍정적인 사회 · 정서적 행동 및 발달의 기초가 된다. 온화하고 반응적인 비계(scaffolding)를 통하여 새로운 사회 · 정서적 기술이 나타날 수 있고, 이와 반대로 발달을 저해하거나 적절하게 지원하지 못하는 비반응적인 행동을 통하여 사회 · 정서적 문제가 발생할 수도 있다(Landry, Smith, & Swank, in press). 따라서 조기중재에서 가장 중요한 책무 중 하나는 부모 및 주 양육자가 긍정적인 사회 · 정서적 행동 발달에 핵심적인 요소를 영아에게 제공할 수 있게 지원하여 궁극적으로 영아의 사회 · 정서적 발달을 도모하는 것이다. 가정 중심의 조기중재 프로그램 17개를 조사한 결과, 가장 중요하게 여겨지는 장기 목표 중의 하나가 바로 민감한 양육 행동의 촉진인 것으로 드러났다(Brooks-Gunn, Berlin, Fuligni, & Sidle, 2000).

조디가 근무하는 영아 헤드 스타트 프로그램이 추구하는 목표는 부모 지원을 통한 아동 발달 촉진이다. 이 프로그램에서는 모든 발달 영역에서 아동의 발달이 일어나도록 노력하고 있지만, 특히 사회·정서적 발달을 모니터링하고 향상시키는 데 특별한 노력을 기울이고 있다. 조디는 자신이 담당하는 가정 중 특히 높은 수준의 스트레스와 위기를 반복적으로 경험하는 가정에 속한 아동의 사회·정서적 기능에 대해 의문을 가질 때가 많다. 부모가 자녀의 사회·정서적 요구를 잘 이해하고, 긍정적인 사회·정서적 행동을 촉진하는 방식으로 반응할 수 있도록 본인이 제대로 기회를 제공하고 있는지 확인하고자 한다. 조디는 특히 부모-자녀 간의 위험한 상호작용을 파악할 수 있는 능력을 향상시키고 싶어 한다. 그래서 언제 새로운 중재를 심화시킬지 또는 실행시킬지를 판단하고자 한다. 조디가 근무하는 프로그램의 원장 역시 프로그램의 목표가 드러나는, 즉 중재가 효과적인 시점을 확인하는 방법에 대해 알고 싶어 한다. 그래서 원장과 조디는 가정방문 중에 손쉽게 사용할 수 있으면서 배우기도 쉬운 도구가 필요하다는 점에 공감한다.

많은 조기중재 프로그램과 마찬가지로, 이 사례의 프로그램에서도 연초 및 연말에 가끔씩 진단평가를 실시한다. 하지만 이렇게 얻은 정보는 중재 관련 의사결정에 그다지 도움이 되지 않는다. 영아를 진단평가하는 척도는 여러 가지가 있으나, 영아 및 가족과 일하는 전문가가 중재의 지침으로 정기적으로 이용할 수 있는 도구는 그리 많지 않다(Carta et al., 2002). 지금까지 조기중재 분야는 중재에 정보를 제공하는 평가보다는 발달의 지체 또는 진단에 관한 정보를 담은 평가에 더 많은 관심을 기울여 왔다(Meisels & Atkins-Burnett, 2001). 따라서 조디와 같은 전문가들이 필요로 하는 도구와 일반적으로 이용할 수 있는 도구 사이에는 상당한 차이가 있다(Carta et al., 2002). 이러한 차이는 현재 현장에서 일반적으로 이용할 수 있는 척도의 제한점이라고 할 수 있다. 이러한 척도의 제한점을 몇 가지 들자면, 대부분의 조기중재 제공자가 지닌 훈련과 경험 배경을 넘어서는 실시 요강, 가정이나 보육 환경과 같은 실제 현장에서 반복하여 사용하기에 시간이 많이 소요되거나 복잡한 척도, 주요 목표에 대한 아동의 진보를 보여 주는 보고서를 쉽게 구할 수 없는 점 등을 들 수 있다.

최근 유아의 진단평가에 사용되는 전반적인 성과 측정(General Outcome Measurement: GOM) 접근에 주목할 필요가 있다. 이 접근은 약간 높은 연령대의 아동을 대상으로는 오랜 기간 사용되었지만, 영아에게 사용되기 시작한 것은 최근이다(Greenwood, Carta, & Walker, 2005). 이 접근은 준거 지향 접근(criterion-referenced approaches)처럼, 오랜 기간 동안 성장과 발달을 모니터링하기에 부적합한 전통적인 진단평가 접근의 대안이다(McConnell, Priest, Davis, & McEvoy, 2001). 구체적으로 GOM 접근은 장기간 일련의 기술을 반복적으로 측정하여 현재 기능 수준과 기대되는 기능 수준 간의 차이를 강조하므로, 중재 관련 자료에 근거한 의사결정에 도움이 된다. 이는 중재를 실시하거나 중재를 수정하는 목적으로 사용된다(Deno, 1997).

개별 성장 및 발달 지표(Individual Growth and Developmental Indicators: IGDIs)는 전반적인 성과 측정 접근의 한 예다. IGDIs는 주요 목표와 연관하여 특정 영역에서의 기능을 나타내는 핵심 지표를 측정한다. 이러한 척도는 소아과에서 오래전부터 사용되었다. 예를 들면, 아동의 성장과 발육을 계속적으로 모니터하는 데 키와 체중 차트를 사용하고, 질병 여부를 알아보기 위해 체온을 측정하는 등 아동의 건강을 모니터링하기 위해 반복적으로 사용하는 것이다. 이러한 예는 몇 가지 공통점을 갖고 있는데, 간단하고, 실시가 용이하다는 점이다. 또한 성장이나 변화를 모니터할 수 있게 장기간 반복적으로 사용할 수 있고, 중재 결정에 대한 즉각적인 피드백을 전문가에게 제공할 수 있다. 지난 몇 년 사이에 조기중재 분야에서 의사소통, 문제해결, 사회적 기술과 같은 중요한 전반적인 성과에 대한 아동의 진보를 모니터링하는 방법으로서 IGDIs가 부각되고 있다(Carta, Greenwood, Luze, Cline, & Kuntz, 2004; Greenwood et al., 2005).

영아기 부모-자녀 상호작용 개별 성장 및 발달 지표의 실례

부모-자녀 상호작용 지표(Indicator of Parent-Child Interaction: IPCI)는 개별 성장 및 발달 지표다. IPCI는 상호작용의 전반적인 주요 목표에 대한 변화를 점검하는 수단인데, 여기서의 상호작용은 부모 및 주 양육자가 아동의 긍정적인 사회·정서적 행동을 촉진하기 위하여 아동에게 반응하는 것을 말한다. 또한 전반적인 목표는 유아기에 매우 중요하게 여겨지는 사회·정서적 능력과 직접적으로 연관된다. 동일한 양육 활동과 채점 절차를 거쳐 일련의 기술을 반복적으로 측정하여 수행 정도를 확인한다. 시간에 따른 진보의 정도는 수행을 그래프화하여 변화를 확인한다(McConnell et al., 2001).

기존의 다른 접근이 가진 제한점과 비교하여 IPCI가 가진 특징은 다음과 같다. 첫째, 부모와 자녀 간 상호작용의 질을 가리키며, 유아의 사회·정서적 결과를 예측하는 부모와 자녀의 주요 행동에 초점을 맞춘다. 둘째, 부모 또는 양육자와 영아의 상호작용이 실제로 일어나는 자연스러운 환경에서의 활동에 초점을 맞춘다. 셋째, 통상적으로 조기중재 서비스를 직접 제공하는 사람들(예: 조기중재 교사, 가족 지원 전문가, 부모 도우미, 간호사, 사회복지사)이 실시할 수 있다. 넷째, 가정이나 기관 중심의 환경에서 손쉽게 자주 그리고 반복적으로 실시할 수 있다. 다섯째, 중재 관련 의사결정이 가능하도록 보고서가 자동적으로 만들어진다.

내 용

IPCI는 부모 또는 기타 양육자와 아동 각각의 능력(competency)과 어려움(difficulty)에 관한 문항으로 구성된 14개 문항이다. 부모의 능력 문항은 아동의 긍정적인 사회·정서적 발달과 연관되며, 이를 촉진 또는 지원하는 것으로 밝혀진 반응적 행동을 반영한다(Landry, Smith, Swank, Assel, & Vallet, 2001; Landry et al., 2006;

van den Boom, 1994, 1995 참조). 그러므로 부모의 능력은 '촉진(Facilitators)'이라 하며, 5개의 핵심 요소, 즉 수용/온화함, 설명하는 언어, 아동의 주도에 따르기, 아동의 관심사 소개 및 확장, 스트레스를 줄이는 전략으로 구성된다. 예를 들면, 스트레스를 줄이는 전략이란 아동이 불만스러운 신호를 보이면 부모가 상호작용을 잠시 멈추는 것이다. 또 다른 예로, 영아의 옷을 다 갈아입혔을 때 심하게 울면 부모가 포대기로 감싸거나 고무젖꼭지를 물려 영아를 진정시키는 것이다.

부모의 어려움은 상호작용을 방해하는 행동으로, 아동에게 부정적인 영향을 미치는 것으로 알려진 행동이다(Appleyard, Egeland, van Dulmen, & Sroufe, 2005; Chang, Schwartz, Dodge, & McBride-Chang, 2003 참조). 이 영역은 '방해(Interrupters)'이며, 세 가지 주요 요소, 즉 비난하는 말이나 목소리, 제한/간섭, 아동의 도움 요청 거부로 구성된다. 예컨대, 제한/간섭이란 자유놀이 시 영아가 크고 깨끗하며 안전한 고리 모양의 장난감을 들고 있거나 입에 물고 있을 때 부모가 이를 뺏는 것과 같이 언어적 · 비언어적 금지를 포함한다.

아동용으로서 능력 영역은 참여와 연관되는데, 긍정적 피드백, 참여 유지, 마무리(follow-through)로 구성된다. 마무리의 예를 들면, 옷을 갈아입을 때 부모가 미소 지으며 상의의 소매를 벌리고서 "여기에 손을 넣어 봐."라고 하면 아동이 손을 소매로 넣는 것이다. 어려움 영역은 괴로움(distress)을 의미하는데, 부정적 정서 때문에 당혹해하는 것, 성질부리기와 같은 외현화 행동, 위축과 같은 내재화 행동을 포함한다. 내재화 행동의 예를 들면, 자유놀이 시에 부모가 손을 들었을 때 영아가 움찔하는 것, 부모를 밀어내는 것, 부모와 거리를 둔 채 눈을 크게 뜨고 부모를 관찰하면서 상호작용을 하지 않는 것 등을 들 수 있다. 영아기에 이러한 영역에서 문제가 나타나면 상당히 오랫동안 지속될 수 있고, 나중에 학교 준비를 방해하는 사회 · 정서적 문제 및 행동 문제와도 연관된다(Bricker, Schoen Davis, & Squires, 2004; Briggs-Gowan, Carter, Irwin, Wachtel, & Cicchetti, 2004; Raver, 2003).

실 시

부모-아동 상호작용 지표는 가정에서의 부모-영아 간 또는 기관 중심 프로그램에서의 친숙한 양육자-영아 간의 일련의 간단한 상호작용 에피소드를 10분간 관찰하여 기록한다. 한 살 이상 영아의 경우, 활동은 자유놀이, 책 읽기, 주의 산만 조장 과제(distraction task), 옷 갈아입기를 포함한다. 한 살 이하 영아의 경우, 앞서 언급된 활동과 같으나 주의 산만 조장 과제는 제외시킨다.

관찰을 위한 가정방문을 시행하기 전에 먼저 부모에게 관찰의 목적과 관찰이 이루어질 활동의 유형에 대한 정보를 제공한다. 관찰 당일에는 부모와 라포를 형성하고, 이전에 제공한 정보를 검토하고 논의한다.

비디오 녹화를 반드시 해야 하는 것은 아니지만 할 수 있다면 하는 것이 좋다. 왜냐하면 중재에 유용하게 쓰일 수 있기 때문이다. 관찰자는 책 읽기 활동을 위한 책 3권과 공책 크기의 담요를 제공한다. 주의 산만 조장 과제용으로 조작할 수 없는 녹음기가 제공되는데, 7초마다 미리 녹음된 음악이 녹음기에서 흘러나온다. 녹음기에

는 열쇠가 걸린 밝은 색깔의 열쇠고리가 달려 있다. 옷 갈아입기 활동과 자유놀이 활동은 일상적인 일과에서 부모와 아동을 관찰하는 것이므로 따로 제공되는 자료는 없다.

채 점

각 문항은 0~3으로 채점되는데, '0=전혀 없음, 1=거의 없음, 2=가끔 또는 비일관적으로 있음, 3=자주 그리고 일관되게 있음'이다. 예컨대, 관찰 중에 부모가 한 번도 설명하는 말을 하지 않았다면, 설명하는 언어에 '0'이라고 쓴다. 각 영역별(즉, 부모 촉진, 부모 방해, 아동 참여, 아동 괴로움)로 점수를 매기는데, 채점 방법은 특정 영역에서 주요 요소의 점수를 합산하여 그 영역의 가능한 총점으로 나눈다. 그래서 관찰할 때마다 점수를 백분율로 계산한다. 이렇게 나온 결과들을 누적 기록하여 엑셀에 저장하고 그래프로 나타낸다([그림 1] [그림 2] 참조).

적 용

IPCI 결과는 조디와 같은 조기중재 전문가가 자료에 근거하여 중재에 관한 의사결정을 하는 데 쓰일 수 있다. 전문가가 개별 성장 및 발달 지표(IGDI)를 사용할 수 있도록 개발된 의사결정 모델의 예가 부모·자녀 상호작용 지표(IPCI)다(McConnel et al., 1998). 이 모델은 전반적인 성과 측정(GOM)을 이용한 이전 모델(Kaminski & Good, 1996)에 근거하며, ① 성장/변화를 점검하고, ② 부모/양육자의 반응성을 촉진하는 중재를 실시 또는 수정할 필요가 있는지 파악하며, ③ 중재가 시작 또는 심화되거나 수정된 이후에 부모와 아동의 행동 발전/변화를 평가하고, ④ 부모와 아동의 진보를 계속적으로 점검하는 목적을 가진다(Carta et al., 2002).

자료에 근거한 의사결정이 반영되는 중재는 영아와 가족에게 특히 중요할 수 있다. 초기의 부모 자녀 상호작용이 궤도를 이탈할 경우 중재 없이 자연스럽게 교정될 가능성은 희박하다(Hofacker & Papousek, 1998). 부모-자녀 상호작용이 통상적인 범위에서 벗어날 때, 말하자면 아동이 장애를 가지고 있거나 장애 위험이 있는 경우 부모-자녀 상호작용에서 비장애 아동의 부모보다 부모의 반응성이 현저히 낮을 때, 아동은 사회·정서적 성장을 도모할 기회를 훨씬 적게 가진다. 뿐만 아니라 두 집단 아동의 사회·정서적 궤도 차이는 점점 더 벌어지게 된다(Landry et al., 2001). 그러므로 전문가가 위험한 상호작용을 빨리 발견할수록 긍정적인 부모-자녀 상호작용을 지원하는 중재를 빨리 제공할 수 있고, 그렇게 함으로써 아동이 좀 더 긍정적인 사회·정서적 궤도를 형성할 가능성이 높아진다.

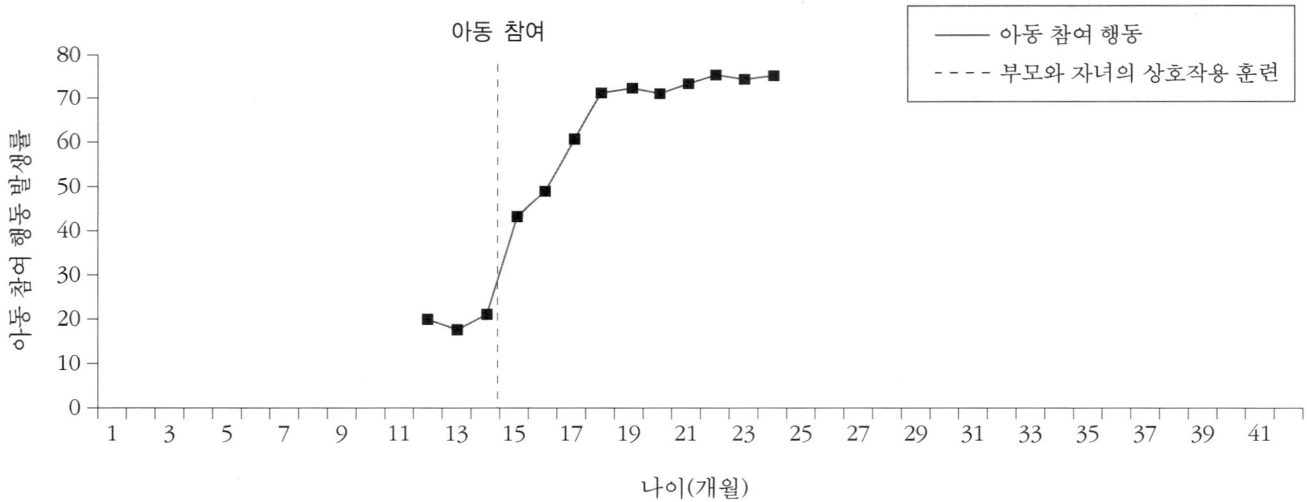

[그림 1] IPCI 아동 영역 그래프: 참여

※주: 이 그래프는 쇼나의 IPCI 참여 영역 점수의 변화를 보여 준다. 처음의 3개 점수(점선의 왼쪽 점수)는 중재 실시 이전의 수행을 나타내고, 점선의 오른쪽 점수들은 중재가 시작되고 난 뒤의 점수 변화를 보여 준다.

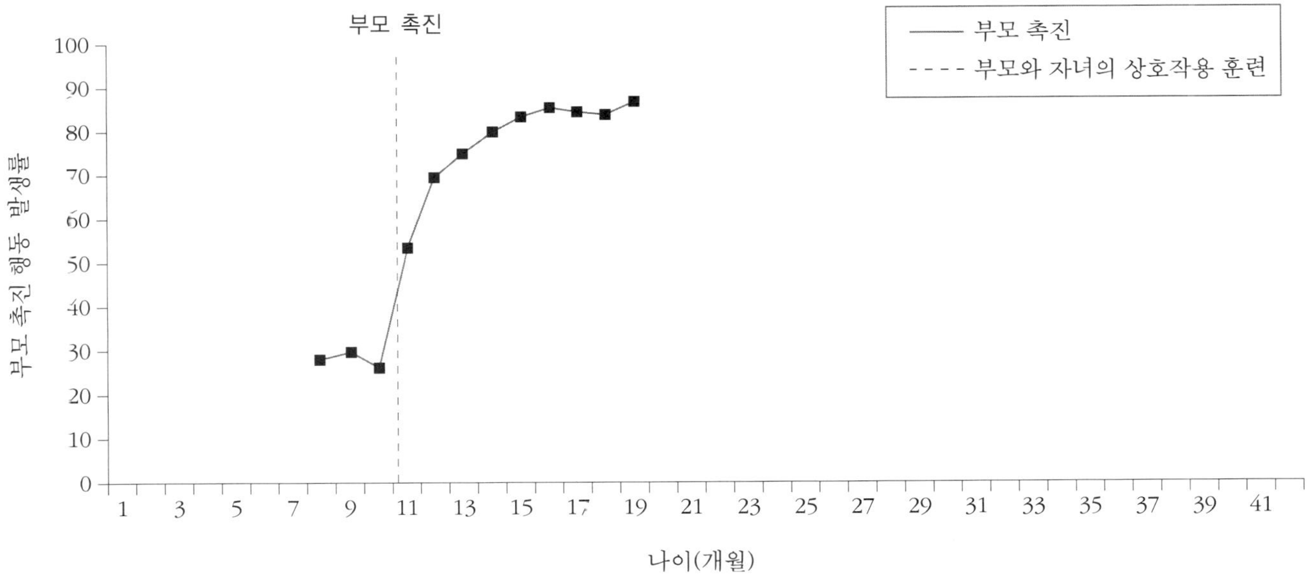

[그림 2] IPCI 부모 영역 그래프

※주: 이 그래프는 쇼나 어머니의 긍정적인 행동 변화를 나타낸다. [그림 1]에 나타난 쇼나의 긍정적인 참여 행동의 변화에 따라 어머니의 행동이 어떻게 변화되는지를 보여 준다.

자료에 근거한 의사결정의 잠재력을 극대화하기 위해 조디는 아동별로 3개월에 한 번씩 IPCI를 실시하여 부모-자녀 상호작용을 모니터링하기 시작하였다. 부모-자녀 상호작용 영역의 점수가 정상 범위 내에 속한 아동들이 여러 명 확인되었다. 이에 힘을 얻은 조디는 계속해서 3개월에 한 번씩 이들을 모니터링하며 위험한 상호작용이 시작될 조짐이 있는지 확인하였다.

또한 조디는 부모 촉진 또는 부모 방해 영역의 점수가 정상 범위에서 벗어나는 아동들도 몇몇 확인하였다. 이 경우, 모니터링 빈도를 한 달에 한 번으로 바꾸고, 다른 평가 자료와 함께 검토하여 비정상적인 점수가 단지 일시적인 현상인지 혹은 일관된 패턴인지 그 여부를 판단하였다.

모니터링 과정에서 조디는 쇼나와 쇼나 어머니의 상호작용에 특히 관심을 갖게 되었다. 다른 평가 자료에서도 염려스러운 점들이 확인되었는데, IPCI 결과에 따르면 영아 헤드 스타트 프로그램에 참여한 첫 3개월 동안 쇼나의 참여(child engagement)는 상당히 낮은 수준을 보였다([그림 1] 참조). 게다가 부모 촉진 영역은 상당히 낮으면서 부모 방해 영역은 높은 수준을 보였다. 조디는 쇼나와 쇼나 어머니의 강점 및 약점을 확인하기 위하여 부모 촉진 영역과 부모 방해 영역의 세부 요소를 살펴보았다. 조디는 영아 정신건강 분야의 동료에게 자료를 보이며 자문을 구하고, 함께 중재 계획을 세우기 시작하였다. IPCI는 채점 목적의 비디오 녹화가 필요하지는 않지만, 조디는 IPCI 평가 과정을 녹화하여 중재 도구로 이용하였다. 조디는 녹화된 비디오를 쇼나 어머니와 함께 시청하고 그래프를 보면서 어머니가 가진 상대적인 강점을 알려 주었다. 이렇게 함으로써 어머니가 가진 상대적인 강점(예: 수용, 온화함)을 확인하는 기회뿐만 아니라 쇼나의 참여를 돕는 기회를 가졌다. 그리고 이러한 참여가 가족이 중요하게 여기는 것, 즉 쇼나의 학교 준비와 관련 있음을 알려 주었다. 조디와 쇼나 어머니는 상대적인 강점을 강화하는 계획을 실행에 옮기고, 쇼나의 어머니는 조디가 방문하지 않는 날에도 새롭게 확인된 행동을 열심히 연습하였다. 조디는 매달 IPCI 평가를 실시하고, 비디오 녹화를 하였으며, 녹화 자료와 그래프를 어머니와 함께 보면서 표적 행동의 변화를 확인하였다. 쇼나 어머니가 점차 자신감을 갖게 되자, 조디는 주요 요소 중 현저하게 낮은 행동(예: 아동의 주도에 따르기, 설명하는 언어 사용하기)을 표적으로 정하였다. 조디와 쇼나 어머니는 계속해서 영역 그래프와 비디오 예시를 보며 중재를 이어 갔다. 조디는 쇼나 어머니가 새로운 기술을 시도하도록 격려하고, 긍정적인 변화를 축하하며, 중재 수정을 위해 정신건강 전문가와 상담할 때 IPCI 보고서([그림 2])를 이용하였다.

프로그램에서는 부모 및 주 양육자가 상호작용에서 언제 진보를 보이는지를 확인할 필요가 있다. 부모 및 주 양육자가 아동에게 반응적인 역할을 하도록 프로그램이 이를 인식하고 지원하는 것은 매우 중요하다. 부모와 주 양육자가 아동의 긍정적인 사회·정서적 행동을 촉진하는 방식으로 반응할 수 있게 추가적인 지원을 언제 해야 하는지를 아는 것 또한 필요하다. 반응적 상호작용을 통한 아동의 사회 · 정서적 능력의 향상을 목적으로 하는 조기중재가 부모와 아동에게 도움이 되는지, 그리고 어떻게 도움이 되는지를 확인하기 위하여 부모 및 주 양육자의 반응성의 변화를 점검하는 것은 필수적이다. 이 논문에서는 IGDI의 예로서 IPCI를 설명하였다. 이는 중재가 필요한지의 여부와 중재를 언제 실시할 것인지를 결정하기 위해 모니터링하고, 중재가 일단 시작되거나 수정되었을 때 중재의 효과를 평가하고, 모니터링을 계속하는 데 이용된다. IGDI의 신뢰도, 타당도, 민감도에 관한 정보를 포함하여 유아를 위한 또 다른 IGDI를 온라인(http://www.igdi.ku.edu)으로 찾아볼 수 있다.

주

Kathleen M. Baggett(kbaggett@ku.edu)

참고문헌

Appleyard, K., Egeland, B., van Dulmen, M. H., & Sroufe, L. A. (2005). When more is not better: The role of cumulative risk in child behavior outcomes. *Journal of Child Psychology and Psychiatry, 46*(3), 235-245.

Bricker, D., Schoen Davis, M. S., & Squires, J. (2004). Mental health screening in young children. *Infants and Young Children, 17*, 129-144.

Briggs-Gowan, M. J., Carter, A. S., Irwin, J. R., Wachtel, K., & Cicchetti, D. V. (2004). The brief infant-toddler social and emotional assessment: Screening for social-emotional problems and delays in competence. *Journal of Pediatric Psychology, 29*, 143-155.

Brooks-Gunn, J., Berlin, L., Fuligni, A., & Sidle, A. (2000). Early childhood intervention programs: What about the family? In J. P. Shonkoff & S. J. Meisels (Eds.), *Handbook of early childhood intervention* (2nd ed., pp. 549-588). New York: Cambridge University Press.

Carta, J. J., Greenwood, C. R., Luze, G. J., Cline, G., & Kuntz, S. (2004). Developing a general outcome measure of growth in social skills for infants and toddlers. *Journal of Early Intervention, 26*, 91-114.

Carta, J. J., Greenwood, C. R., Walker, D., Kaminski, R., Good, R., McConnell, S., & McEvoy, M. (2002). Individual Growth and Development Indicators (IGDIs): Assessment that guides intervention for young children. *Young Exceptional Children Monograph Series 4*, 15-28.

Chang, L., Schwartz, D., Dodge, K. A., & McBride-Chang, C. (2003). Harsh parenting in relation to child emotion regulation and aggression. *Journal of Family Psychology, 17*, 598-606.

Deno, S. (1997). Whether thou goest…… Perspectives on progress monitoring. In J. W. Lloyd, E. J. Kameenui & D. Chard (Eds.), *Issues in educating students with disabilities* (pp. 77-99). Mahwah, NJ: Erlbaum.

Greenwood, C. R., Carta, J. J., & Walker, D. (2005). Individual growth and development indicators: Tools for assessing intervention results for infants and toddlers. In W. L. Heward et al. (Eds.), *Focus on behavior analysis in education: Achievements, challenges, and opportunities*. Columbus, OH: Merrill.

Hofacker, N., & Papousek, M. (1998). Disorders of excessive crying, feeding, and sleeping: The Munich interdisciplinary research and intervention program. *Infant Mental Health Journal, 19*(2), 180-201.

Kaminski, R. A., & Good, R. H. (1996). Toward a technology for assessing basic early literacy skills. *School Psychology Review, 25*, 215-227.

Landry, S. H., Smith, K. E., & Swank, P. R. (2006). Responsive parenting: Establishing foundations for social, communication and independent problem-solving. *Developmental Psychology, 42*(4), 627-642.

Landry, S. H., Smith, K. E., Swank, P. R., Assel, M. A., & Vellet, N. S. (2001). Does early responsive parenting have a special importance for children's development or is consistency across early childhood necessary? *Developmental Psychology, 37*(3), 387-403.

McConnell, S., McEvoy, M., Carta, J., Greenwood, C., Kaminski, R., Good, R., & Shinn, M. (1998). Theoretical foundations for the early childhood research institute on measuring growth and development: An early childhood problem-solving model. (Technical Report #6). Minneapolis, MN: University of Minnesota. (ERIC Document Reproduction Service No. 452640).

McConnell, S. R., Priest, J. S., Davis, S. D., & McEvoy, M. A. (2001). Best practices in measuring growth and development for preschool children. In A. Thomas & J. Grimes (Eds.), *Best Practices in School Psychology IV* (Vol. 2, pp. 1231-1246). Bethesda, MD: National Association of School Psychologists.

Meisels, S. J., & Atkins-Burnett, S. (2001). The elements of early childhood assessment. In J. P. Shonkoff & S. J. Meisels (Eds.), *Handbook of Early Intervention* (2nd ed., pp. 231-257). Cambridge, UK: Cambridge University Press.

Raver, C. C. (2003). *Young children's emotional development and school readiness*. Champaign, IL: ERIC Clearing house on Elementary and

Early Childhood Education.
van den Boom, D. C. (1994). The influence of temperament and mothering on attachment and exploration: An experimental manipulation of sensitive responsiveness among lower-class mothers with irritable infants. *Child Development, 65*(5), 1457-1477.
van den Boom, D. C. (1995). Do first-year intervention effects endure? Follow-up during toddlerhood of a sample of Dutch irritable infants. *Child Development, 66*, 1798-1816.

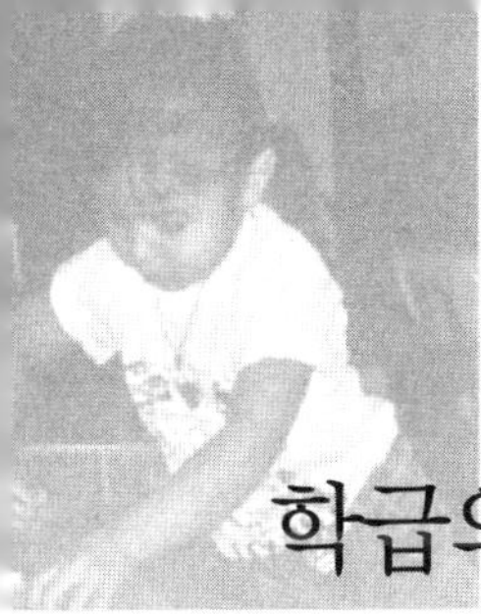

학급의 애완동물

유아의 사회 · 정서적 건강 증진 및 강화

Brinda Jegatheesan, Ph.D., University of Washington
Hedda Meadan, Ph.D., Illinois State University

화요일 아침 이야기 나누기 시간에 라무 선생님은 갈색 햄스터와 검은색 햄스터 두 마리를 학급의 새 친구로 소개하였다. 학급에 있는 다른 동물들, 즉 거북(모모)과 금붕어(니코, 요란다, 셔) 외에 한 쌍의 햄스터가 추가된 것이다. 라무 선생님은 17명의 들뜬 유아들을 쳐다보며, "햄스터의 이름을 뭐라고 할까요?" 라고 물었다. 선생님은 각 햄스터의 사진을 칠판에 붙여 두고 유아들이 제안하는 이름을 적었다. 이야기 나누기 시간이 끝날 때쯤 두 동물의 이름은 브라우니와 블래키로 정해졌다.

이후 며칠간 유아들은 햄스터가 무엇을 먹는지, 어디에서 먹기를 좋아하는지, 어떻게 만져 주면 좋아하는지 등에 대해 배웠다. 라무 선생님은 햄스터에 관한 책을 읽어 주고, 햄스터와 관련된 영역(예: 극놀이 영역의 동물병원에 등장하는 햄스터 인형과 햄스터 사진 맞추기 게임)을 다양하게 준비하였다. 또한 선택 시간에 유아들이 거북, 햄스터, 어항 중 하나를 선택하게 하였다. 자폐성 장애가 있는 4세 남아 케니는 거북이를 무척 좋아한다. 그래서 자신이 영역 활동을 선택하는 차례가 되자 거북이의 사진을 가리켰다. 라무 선생님은 미소를 지으며 케니에게 거북이가 들어 있는 상자를 주었다. 몇 분 후에 3세 여아 라티사는 거북이와 함께 있는 케니에게 다가갔다. 학급 보조원의 도움을 받아, 케니와 라티사는 거북이를 상자에서 꺼내 부드럽게 쓰다듬었다. 보조원은 케니에게 3개의 사진(상추, 얼음, 자갈 사진)을 보여 주며, 거북이가 좋아하는 음식을 가리켜 보라고 말했다. 케니는 사진을 보더니 상추를 가리켰다. 라티사는 상추가 담긴 그릇을 가져와서 케니와 함께 거북이에게 상추를 먹였다. 교실 내 다른 영역에서는 바론과 빌리가 어항 옆에 앉아 금붕어 세 마리가 수초 사이를 헤엄쳐 다니는 모습을 물감으로 그리고 있었다. 두 유아는 움직이는 금붕어들의 이름을 확인하기 위해 조용히 대화했다.

이 사례는 라무 교사가 학급의 모든 유아가 참여하고 통합될 수 있도록 학급에서 애완동물을 활용한 내용이다. 교사는 표현언어가 제한된 케니가 자신의 요구와 아이디어를 표현할 수 있게 도움을 제공하였다. 그 밖에 과제에 집중하는 데 어려움이 있는 바론에게 선호 활동인 그림 그리기를 하게 하여 바론이 차분하게 앉아 몰두할 수 있도록 도왔다. 아울러 두 유아는 학급의 다른 유아와 상호작용하고 의사소통하는 기회를 가졌다.

이 논문은 장애를 가진 유아와 장애 위험이 있는 유아의 통합과 사회 · 정서적 발달을 지원하기 위하여 애완동물을 이용하는 아이디어를 소개한다. 먼저 동물-보조 치료(Animal-Assisted Therapy: AAT)를 정의하고, AAT의 유래를 설명하며, 학급의 애완동물이 유아의 발달에 미치는 잠재적인 효과를 설명한다. 또한 유아교육과정과 일과를 향상시키기 위하여 애완동물을 이용한 학급 활동과 정보가 제공된다. 애완동물과의 상호작용은 사람 간의 상호작용 및 관계 형성과 상호 보완적이어야 한다(Melson, 2001). 즉, 성인-아동 또는 아동-아동 상호작용의 대체로 여겨져서는 안 된다. 또한 아동과 동물 모두의 웰빙에 대하여 논의하고자 한다.

동물-보조 치료

동물-보조 치료(AAT)는 목적 지향적인 중재다. 임상 및 인간 서비스 분야의 전문가들은 특정 기준에 충족되는 동물을 중재 과정에 활용하기도 한다. 많은 AAT 프로그램이 가진 전제는 유아의 사회적 · 행동적 변화를 증진시키는 데 동물이 매우 유용한 역할을 한다는 것이다. 여기서 사회적 · 행동적 변화란 사회적 기술, 책임감, 충동적 행동 규제 능력, 긍정적인 자아존중감 등을 포함한다(Kruger, Trachtenberg, & Serpell, 2004).

동물-보조 활동(Animal-Assisted Activities: AAA)은 개인의 삶의 질을 전반적으로 향상시킬 수 있는 기회를 제공한다. 이는 교육적 효과와 동기를 유발하는 기회를 포함한다. AAA는 동물에 대한 지식을 가지고 있으며, 충분한 훈련을 받은 사람들이 여러 환경에서 계획하고 제공한다(Kruger et al., 2004).

동물-보조 치료의 배경과 유래

인간은 항상 동물을 활용해 왔는데, 주로 식품과 교통수단으로 이용해 왔다. 지금으로부터 1500여 년 전 사람들이 마을을 이루며 살기 시작한 이래 동물은 인간의 친구 역할도 하게 되었다(Beck, 2000). Levinson(1980)은 다음과 같이 주장하였다.

> ……인간은 동물을 사육함으로써 인간과 자연의 연대감을 드러냈다…… 심리학적으로 이는 애완동물과 인간 간의 상징적인 관계의 시작인데, 사람은 애완동물에게 물질적인 필요를 채워 주고 동물은 주인의 심리적인 요구를 충족시켰다(p. 63).

Boris Levinson의 첫 번째 연구 논문, 「협력 치료사(co-therapist)로서의 개」(1962)는 인간과 동물의 상호작용에 대한 현대적 관심의 시작으로 간주된다. 아동심리학자 Levinson은 극도로 위축된 아동을 치료하는 과정에서 우연히 동물의 효과를 발견했다. 어느 날 아동과 어머니가 예약 시간보다 조금 일찍 도착했는데, 당시 Levinson과 함께 있던 개가 아동의 침묵을 깨트리는 중요한 역할을 하였다. 이 사건이 바로 심리분석적 탐구(psychoanalytical inquiry)의 새 시대를 여는 서막이 되었다. 이때부터 Levinson은 '인간의 벗 동물치료(human-companion animal therapy)'라는 전문적인 심리치료 분야를 선도해 나갔다. 치료사와 아동의 의사소통 매개로서 동물을 이용하는 방법의 잠재적 효과에 대한 공식적인 소개와 기록이 이루어진 것이다.

특수아동에게 미치는 잠재적 효과

Jacobsen은 장애가 있는 아동을 위한 교육적 · 치료적 영역에서 동물이 이행할 수 있는 일곱 가지 기능—① 정서적 지원, ② 행동 규제, ③ 사회화 기술, ④ 신체적 능력 보조, ⑤ 이동 문제 보조, ⑥ 책임감 훈련, ⑦ 교육에 대한 동기 및 내용의 제공—을 제시하였다(Cusack, 1988 재인용). 아울러 아동과 애완동물 간의 상호작용을 통해 교사는 학생을 더욱 깊이 이해하게 되고 유대 관계가 강화되어 때로는 학생의 숨겨진 문제를 찾는 데 도움을 받을 수 있다.

사회 · 정서적 발달

이 논문에서는 학급의 애완동물을 이용하여 장애 위험이 있는 유아와 장애를 가진 유아의 사회 · 정서적 발달을 촉진하는 데 초점을 맞추고 있다. 질적으로 우수한 유아교육 환경은 유아의 사회 · 정서적 발달의 긍정적인 성과와 연관된다. 이러한 환경에서 유아들은 탐색하고 학습하며 발달적으로 성장한다(Sandall, Hemmeter, Smith, & McLean, 2005; Bredekamp & Copple, 1997). 교실 환경에 동물을 들이는 것은 사회 · 정서적 발달을 촉진하는 여러 효과적인 실제에 도

〈표 1〉 학급의 동물을 지원하는 단체

- 미국 동물학대방지협회(www.aspca.org)
- 델타협회(www.Deltasociety.org)
- 녹색굴뚝(greenchimneys.org)
- 미국 동물보호협회(www.hsus.org)
- 동물보호 교육을 옹호하는 라담재단(www.latham.org)

움이 될 수 있다. Melson(2001)에 따르면, 아동들은 애완동물을 정서적으로 가장 친밀한 대상으로 여기며, 자신의 삶에서 중요한 10인의 인물에 애완동물을 포함시켰다. 학급에 애완동물을 두는 것이 드문 일이 아님에도, 애완동물이 아동의 전반적인 발달에 미치는 영향은 최근 들어 주목받고 있다. 학급 동물을 지원하는 단체의 목록 중 일부가 〈표 1〉에 소개되었다.

이 논문에서는 사회 · 정서적 발달의 네 가지 주요 영역인 ① 연민과 책임감 계발, ② 사회적 상호작용 촉진 및 증진, ③ 자긍심과 자아존중감 계발 및 강화, ④ 자신과 타인의 감정 인식 촉진을 다룬다. 비장애 아동과 장애 아동 모두 애완동물과의 상호작용을 통하여 사회 · 정서적 발달이 촉진될 수 있음을 많은 연구에서 증명하였다(Jalongo, Robbins, & Stanek, 2004; Kruger et al., 2004).

연민과 책임감 계발

학급에 애완동물을 둠으로써 아동은 동물에게 관심을 갖게 되고, 자신의 보살피기 능력에 따라 애완동물의 건강이 달라질 수 있음을 알게 된다(Melson, 2001; Rud & Beck, 2000). 동물 돌보기를 통하여, 교사는 아동에게 보살피는 기술과 각기 다른 요구와 능력에 대해 인식하는 기술을 지도할 수 있다. 서두의 사례에서 라무 교사는 햄스터의 식성과 생활환경 그리고 올바른 애무 방법을 지도하면서 이를 성취할 수 있었다. 아동은 우리 청소, 물통 채우기, 모이 주기, 애완동물과 시간 보내기 등과 같은 책임을 맡음으로써 보살피는 역할을 배우게 된다.

보살피는 활동을 통하여 아동은 애완동물들의 서로 다른 요구를 이해하게 되며, 돌보고 사랑하는 것의 중요성을 학습하게 된다(Melson, 2001). Melson은 세심함과 보살피기의 발달은 도움이 필요한 사람(예: 특수아동)을 돕는 능력의 중요한 토대가 된다고 주장하였다. 또 다른 연구에 따르면, 보살피는 방법을 배운 아동은 그렇지 않은 아동보다 또래에게 공감하는 능력이 훨씬 뛰어난 것으로 보고되었다(Ascione, 1992; Melson, Peet, & Sparks, 1992). 뿐만 아니라 아동들은 애완동물 돌보기를 성 중립적인(gender-neutral) 과제로 인식하므로 여아와 남아 모두 똑같이 쉽게 받아들이는데, 특히 남아는 보살피고 돌보는 기회를 경험하게 된다(Checchi, 1999; Melson, 2001).

교사는 아동의 책임감과 돌보는 능력을 강화하기 위하여 교사가 감독하는 활동을 계획할 수 있다. 교사와 아동은 애완동물이 학급에서 쾌적하게 지낼 수 있도록 청소할 것, 보충할 것, 수리할 것이 무엇인지에 대해 이야기를 나눈다. 아울러 교사와 아동은 애완동물의 전반적인 웰빙에 대해 이야기를 나누고, 동물이 좀 더 행복함을 느끼도록 아동이 무엇을 할 수 있는지에 대해서도 논의한다. 추가적인

〈표 2〉 사회 · 정서 발달 영역에서의 활동 제안

사회 · 정서적 발달 영역	활동
연민과 책임감	• 애완동물의 우리 청소와 모이 주기를 교대로 한다. • 애완동물의 건강 도표를 교실에 비치하여 기록한다. • 동물을 여러 상황에서 관찰한다(예: 선호하는 먹이와 잠자리를 조사한다). 그리고 관찰한 것에 대해 이야기를 나누고 계속 관찰한다. • 아동의 행동이 동물의 반응(예: 신뢰, 충성, 수용, 우정)에 어떻게 영향을 미치는지에 대해 이야기를 나눈다.
사회적 상호작용	• 미술 프로젝트로 동물 퍼즐을 만든다. • 동물 학습 영역에서 아동들은 자신이 좋아하는 동물에 관한 이야기를 나누거나 동물에 대한 특별한 이야기를 공유한다. • 이달의 애완동물을 투표로 선정하고, 콜라주를 함께 만들고, 색칠하고, 창의적인 글쓰기를 하여 작품을 완성하면 이를 복도에 전시한다.
자긍심과 자아존중감	• 학급의 아동 이름이 적힌 잎사귀가 달린 학급 나무 도표를 만든다. 아동은 한 주 동안 성취한 것(예: 동물 우리 청소, 모이 주기)을 자신의 이름이 있는 잎사귀에 적는다.
자신과 타인의 감정 인식	• 애완동물이 어떤 상황에서 어떻게 느끼고 어떻게 행동하는지에 대해 이야기를 나눈다(예: "왜 거북이가 등껍질 안으로 스르르 들어갈까?")

학급 활동의 예가 〈표 2〉에 제시되어 있으며, 마찬가지로 사회적 상호작용, 자아존중감 계발, 감정 인식과 관련된 활동의 예도 소개되었다.

교사는 학급의 애완동물에 대한 적절한 행동과 상호작용의 시범을 보이는 중요한 역할을 한다. 교사는 아동에게 책임(예: "동물 우리 청소를 기억하는 것이 왜 중요할까?"), 감정(예: "만약 마실 물이 없다면 햄스터 블래키가 어떻게 느낄까?"), 공감(예: "거북이 모모가 왜 등껍질 속으로 머리를 넣었을까?")에 대해 이야기하면서 돌보기의 중요성을 아동이 깨닫게 할 수 있다.

사회적 상호작용 촉진 및 증진

아동은 상호적인 활동을 직접 경험하면서 다양한 기술을 습득한다. 아동은 듣기, 모방하기, 질문하기와 같은 기술을 사용하여 유의미한 상호작용에 참여하고, 다양한 사회적 경험에 관여하는 능력을 길러 간다(Blaustein, 2005). 아동이 둘씩 짝을 짓거나 집단을 형성하여 매우 좋아하는 무엇인가를 할 때, 이들은 개인 간의 차이를 잊은 채 오로지 공동의 목적을 향해 몰두한다. 애완동물에게 초점을 맞춘 활동은 상호작용, 수용, 우정, 상호적인 즐거움을 촉진한다. 그리고 아동은 함께 배우는 즐거움을 느끼게 된다(Rud & Beck, 2000; Twiest, Twiest, & Jalongo, 2004). 아동들은 함께 활동함으로써 공동체 의식을 형성할 수 있으며, 이는 결과적으로 친밀감, 소속감, 서로를 지원하겠다는 약속을 발전시킨다. 교사는 아동을 둘씩 짝지어 동물을 돌보게 하거나 집단 토론의 주제로 동물에 관련된 이야기를 나눔으로써 아동 간의 사회적 상호작용을 북돋울 수 있다. 앞의 사례에서도 라무 교사는 케니와 라티사가 유의미한 방식으로 서로 상호작용하고 통합 환경에서 학습을 경험할 수 있는 기회를 세심하게 마련하였다. 관계와 공동체 정서를 지원하는 환경을 만들고자 하는 라무 교사에게 학급의 애완동물은 도움이 되었다.

자긍심과 자아존중감 계발 및 강화

아동의 자아존중감을 키우고 지원하는 것은 유아기 발달에서 중요하다. Bredekamp와 Copple(1997)에서 인용하였듯이, Katz (1995)는 '나는 특별해'라는 단원을 만들어 적용하는 것을 설명하였다. 아동 자신이 특별하다는 감정을 갖도록 지원하는 환경을 만드는 것은 중요하다. 이러한 감정은 단순한 과제 완성을 통해서도 습득될 수 있는데, 이는 아동에게 자부심과 기쁨을 제공하고 자신감, 유능감, 자아존중감을 촉진한다. 예컨대, 각자 물건을 가져와서 말하기(show and tell) 시간에 아동이 애완동물에게 행한 특별한 일을 발표한다. 또한 애완동물이 아동에게 보이는 반응에 대해 발표하도록 하고, 동물이 보인 반응에 대하여 아동은 어떤 감정을 느꼈는지 표현하도록 격려한다. 사례에서 라무 교사는 먼저 햄스터에 관한 정보를 아동에게 제공한 뒤에 극놀이 영역을 만들어 아동이 참여할 수 있게 함으로써 아동의 자신감을 북돋웠다. 이때 아동이 수의사, 애완동물 영양사, 동물병원 간호사, 기타 애완동물과 관련된 역할을 수행하게 한다.

아동은 어떤 활동에 마음을 쏟으면, 그 활동을 완성시키기 위해 상당히 오랫동안 지속하는 경향이 있다. Melson(2001)은 "인간의 사회적 지원의 첫 번째 기능은 다른 사람이 나를 사랑하고 귀하게 여기고 마음을 쓰고 있음을 알려 주는 것이며, 애완동물이 바로 이러한 역할을 수행한다."(p. 61)라고 하였다. 상호성이 높은 동물들(예: 개, 햄스터)은 아동의 자아존중감을 높이는 데 중요한 역할을 한다. 동물은 아동으로 하여금 자신이 필요한 사람, 그리운 사람, 중요한 사람이라는 생각을 하게 만든다. Rud와 Beck(2000)은 "동물은 아동 자신에 대한 태도를 변화시킬 수 있으며, 타인과 관계 맺는 능력을 향상시킬 수 있다."(p. 313)라고 말했다.

자신과 타인의 감정 인식 촉진

아동과 동물 간의 유대 경험은 아동이 자신의 감정을 좀 더 자연스럽게 표현할 수 있게 해 준다. Melson(2001)은 아동이 슬프거나 두려움을 느낄 때 또는 화가 났을 때, 애완동물로부터 위로와 안도감을 얻고자 한다고 주장하였다. 또한 아동은 보통 애완동물을 만지면서 대화한다는 것을 강조하였다. 임상 환경에서 치료사들은 털이 많고 부드러운 동물을 아동이 쓰다듬고 어루만지면서 느끼는 편안함을 강조해 왔다. 또한 아동은 동물이 자신을 이해한다고 믿고 있으며, 이러한 믿음이 있기에 자신이 느끼는 불안, 부끄러움, 두려움을 동물에게 쉽게 표현하게 되고, 따라서 자신의 생각을 좀 더 원활하게 표현할 수 있게 된다. 그래서 애완동물은 아동이 "무엇을 말하더라도 비판하지 않고 무조건 수용하는 청중"(Melson, 2001, p. 48)이 된다.

Robin과 Bensel(1985)은 공감과 경청에 대한 아동의 요구가 강하기 때문에 애완동물이 갖는 비중재적인 성격과 감정이입이 정서적 지원을 제공하여 아동과 애완동물은 이상적인 친구가 된다고 보았다. 아동은 애완동물과 상호작용하는 가운데 자신의 내적 상태에 대한 인식을 더욱 잘할 수 있게 된다. 따라서 학급에 애완동물을 둠으로써 적절한 정서적 표현 및 상호작용의 패턴에 관하여 아동이 성별에 근거한 정형화된 태도를 갖지 않도록 할 수 있다. 애완동물과의 유대는 남아로 하여금 자신이 돌보는 동물에 대한 감정을 표현하게 한다. 동물은 또한 정서적 지원과 안전감(feelings of security)을 제공한다(Bryant, 1985; Checchi, 1999). Creany(2004)는 남아는 동물 돌보기를 통해 "자신의 공포를 드러내지 않은 채 걱정거리를 달랠 수 있으므로"(p. 37) 위안을 받게 된다고 보고하였다.

어떤 아동은 위안을 받기 위한 사적인 시간을 갖고자 애완동물에게 접근한다. Levinson의 초기 연구에서는 장애를 가진 유아에게 애완동물이 미치는 영향이 보고되었다(Levinson, 1962). 그 이후 다른 연구자들도 아동이 동물과의 관계에서 정서적인 위로를 받으며, 자신이 느끼는 두려움, 기쁨, 분노, 꿈, 자신에게 중요한 일상적인 이슈 등에 대해 자신이 기르는 햄스터, 쥐, 새 등에게 자유롭게 이야기한다는 사실을 입증하였다(Bryant, 1985; Covert, Whirren, Keith, & Nelson, 1985; Mallon, 1992; Melson & Schwarz, 1994). 동물과의 접촉은 거의 모든 아동에게 도움이 된다는 사실이 밝혀졌다(Beck & Katcher, 1983). 애완동물의 지원을 받는 아동은 덜 불안해한다는 부모들의 보고도 있다(Melson, 2001). 아동은 "벌을 받은 후에 진정하고 평정심을 찾는 데 애완동물을 이용"(p. 60)하는 것처럼 보였다.

동물이 주는 건강상의 혜택

동물이 제공하는 건강상의 혜택에 대한 여러 연구들이 있다. 문헌연구를 실시한 Friedmann(2000)은 이에 대하여 "동물이 건강에 도움이 된다는 명제를 지지하는 증거가 있다."(p. 53)라고 결론지었다. 동물과의 상호작용 유형에 따라 특정한 건강상의 효과가 있다. 애완동물을 기르는 것은 심혈관계 건강과 연관이 있다. 동물을 바라보거나 관찰하는 것은 생리적 흥분의 감소 및 행복감 증대와 관련이 있다. 동물의 존재는 불안감과 우울증의 감소와 연관된 것으로 밝혀졌다(Friedmann, 2000). 이러한 건강상의 혜택은 외현화 행동(예: 타인의 주의를 끌고자 하는 행동의 증대)이나 내면화 행동(예: 생리적 각성의 감소 및 우울증)을 나타내는 아동에게 도움이 될 수 있다.

학급 환경에 애완동물을 두는 것에 관한 의사결정

교사는 교실에 애완동물을 실제로 두었을 때 발생할 수 있는 다양한 이슈를 고려하는 것이 중요하다. 〈표 1〉에 소개된 웹사이트와 단체를 찾아보는 것 외에 교사는 〈표 3〉의 도서 목록 또한 살펴볼 필요가 있다. 또한 〈표 4〉에 제시된 질문들을 살펴봄으로써 교사는 교실에 애완동물을 두는 것이 모든 이들에게 적절하고 바람직한지의 여부를 결정할 수 있을 것이다. 학급에 어떤 동물을 둘 것인지 결정하는 것(예: Kramer, 1989)은 또 다른 중요한 절차다. 교실에 두기에 적절한 동물을 선정하는 데 도움이 되는 내용이 〈표 5〉에 정리되어 있다. 마지막으로, 교사는 학급에서 동물을 기르는 것에 대한 계획을 철저하게 할 필요가 있다. 이 논문에서는 유아의 사회 · 정서적 발달을 촉진하는 목적으로 애완동물의 역할을 강조하였지만, 교사는 다른 영역, 즉 읽고 쓰기, 미술, 과학(예: Hodges, 1991; Hurst, 1998; Lewin-Benham, 2006) 등을 촉진하는 활동에도 애완동물 기르기를 포함시키는 것을 고려할 수 있다.

〈표 3〉 추천 도서 목록

- Fine, A. (2000). *Handbook of animal-assisted therapy*. San Diego, CA: Academic Press.
- Gunnels, J. A. (1997). A class pet campaign: Experiencing the democratic process. *Dimensions of Early Childhood, 25*, 31-34.
- Hodges, J. L. (1991). Spiders and boat and rats, oh my! *Science and Children, 28*(4), 22-25.
- Hurst, C. O. (1998). Dogs, cats, and other fauna. *Teaching Pre-k-8, 18*(5), 74.
- Kramer, D. C. (1989). *Animals in the classroom: Selection, care and observations*. Reading, MA: Addison-Wesley.
- Melson, G. (2001). *Why the wild things are: Animals in the lives of children*. Cambridge, MA: Harvard University Press.

〈표 4〉 학급 애완동물에 관한 교사 체크리스트[온타리오 SPCA 인문교육(http://www.ospca.on.ca/he_ft.html#classroompets) 학급 애완동물 체크리스트 수정 인용]

- 동물의 주 관리자가 될 용의가 있는가?
- 동물에 대해 충분한 지식을 가지고 있는가? 또는 애완동물을 기른 경험이 있는가?
- 동물을 돌보는 것에 대해 편안하게 여기는가?
- 학급에 동물을 두는 것의 목적을 알고 있는가?
- 학급에 동물을 두는 것과 관련된 학교 방침과 서면으로 작성된 책무를 고려하였는가?
- 다양한 아동이 있는 학급에서 동물이 잘 지낼 수 있는가?
- 학급에 알레르기가 심한 아동이 있는가?
- 학급에 동물의 우리를 만들 만한 충분한 공간이 있는가?
- 동물 돌보기에 드는 비용은 누가 책임질 것인가?

• 주말과 방학 중에 동물을 집에 데려갈 의지가 있는가?
• 동물이 아플 때, 돌볼 시간, 에너지, 금전적 지원을 할 의지가 있는가?
• 가장 중요한 것으로서, 동물의 수명이 다할 때까지 돌볼 의지가 있는가?

〈표 5〉 학급 애완동물 선정의 팁

애완동물	먹 이	특 성	돌보기	수 명
햄스터	햄스터 사료, 신선한 과일 및 채소, 건초	깨어 있을 때는 상호적이고, 사교적이며, 안아 주고 만져 주는 것을 좋아함	돌보기 쉽고, 깨끗하며, 사료가 비싸지 않고, 운동이 필요함	2~3년
거북	풀, 작은 생선, 생선 알, 거북 사료	사교적이며, 조용하고, 상호적임	돌보기가 수월하고, 깔끔하며, 사료가 비싸지 않음	70~100년
기니피그(쥐)	신선한 과일 및 채소, 옥수수 알갱이	사교적이고, 상호적이며, 호기심이 많고, 순종적임	규칙적인 운동이 필요하며, 깔끔하고 조용한 우리가 필요함	5~7년
물고기	물고기 사료	차분하고 관찰하기 좋음	물을 규칙적으로 갈아 주어야 함	2~3년
도마뱀	신선한 과일 및 채소, 작은 곤충, 칼슘 보충제	관찰하기 좋고, 만지는 것을 좋아하지 않음	난방과 조명이 필요함	다양함

출처: Twiest, Twiest, & Jalongo(2004).

교실에서 애완동물 기르기의 대안

학교의 규칙, 아동의 알레르기, 교사의 선호 등에 따라 학급에서 애완동물을 기르는 것이 여의치 않을 수 있다. 이러한 경우, 교사는 아동들과 자유토론을 거쳐 애완동물을 기를 수 있는 대안적인 방법을 찾을 수 있다. 한 가지 예를 들면, 세계야생생물기금(World Wildlife Fund: WWF)을 통해 일정 기간 동안 야생동물을 입양하는 것이다. 이 기관에서는 선택된 동물의 사진을 비롯하여 그 동물에 대한 이력 보고서, WWF 화면보호기(screensavers), 연하장 그리고 그 동물이 자라는 모습에 대한 분기별 소식을 전해 준다(http://www.wwf.org. uk/adoption/index.asp).

결 론

「아동낙오방지법(No Child Left Behind: NCLB)」이 2001년에 통과됨에 따라 학업 성취를 향상시키기 위한 유아들의 인지적 기술 개발이 상당히 강조되었다(Cook, Klein, & Tessier, 2004). 현재 학업적 내용과 기술에 대한 강조를 고려해 볼 때, 유아의 사회 · 정서적 발달을 간과하지 않는 것이 중요한데, 그 이유는 사회 · 정서적 발달이 바로 학교 준비, 학교 적응, 학업 성취에 주요 전제 조건이 되기 때문이다(Webster-Stratton & Reid, 2004). 학급의 애완동물은 아동의 건강한 자아존중감을 계발하고, 증진하며, 확인하는 실제적인 경험을 제공한다. 따라서 유아의 사회 · 정서적 발달을 촉진하기 위하여 학급에 애완동물을 둘 것을 제안한다.

주

Brinda Jegatheesan(brinda@u.washington.edu)

참고문헌

Ascione, F. (1992). Enhancing children's attitudes about the humane treatment of animals: Generalization to human-directed empathy. *Anthrozoos, 5*, 176-191.

Beck, A., & Katcher, A. H. (1983). *Between pets and people: The importance of animal companionship*. New York: Putnam.

Beck, A. M. (2000). The use of animals to benefits humans: Animal-assisted therapy. In A. Fine (Ed.), *Handbook on animal-assisted therapy: Theoretical foundations and guidelines for practice* (pp. 21-40). San Diego, CA: Academic Press.

Blaustein, M. (2005, July). See, hear, touch! The basics of learning readiness. *Beyond the Journal-Young Children on the Web*. 1-10. Retrieved on June 30, 2006, from http://www.maineaeyc.org/uploads/The%20Basics%20of%20Learning%20Readiness.pdf

Bredekamp, S., & Copple, C. (1997). *Developmentally appropriate practice in early childhood programs*. Washington, DC: National Association for the Education of Young Children(NAEYC).

Bryant, B. (1985). The neighborhood walk: Sources of support in middle childhood. *Monographs of the Society for Research in Child Development, 50*, No. 210.

Checchi, M. J. (1999). *Are the pets for me?* New York: St. Martin's Press.

Cook, R., Klein, D., & Tessier, A. (2004). *Adapting early childhood curricula for children in inclusive settings*. Columbus, OH: Pearson Prentice Hall.

Covert, A. M., Whirren, A. P., Keith, J., & Nelson, C. (1985). Pets, early adolescents, and families. *Marriage and Family Review, 8*, 95-108.

Creany, A. D. (2004). Companion animals in the lives of boys and girls: Gendered attitudes, practices, and preferences. In M. Jalongo (Ed.), *The world's children and their companion animals: Developmental and education significance of the child/pet bond* (pp. 35-46). Olney, MD: Association for Childhood Education International.

Cusack, D. (1988). *Pets and mental health*. Haworth Press: N.Y.

Friedmann, E. (2000). The animal-human bond: Health and wellness. In A. Fine (Ed.), *Handbook on animal-assisted therapy: Theoretical foundations and guidelines for practice* (pp. 41-58). San Diego, CA: Academic Press.

Hodges, J. L. (1991). Spiders and boas and rats, oh my! *Science and Children, 28*(4), 22-25.

Hurst, C. O. (1998). Dogs, cats, and other fauna. *Teaching Pre-k-8, 18*(5), 74.

Jalongo, M., Robbins, R., & Paterno, R. (2004). The special significance of companion animals in children's lives. In M. Jalongo (Ed.), *The world's children and their companion animals: Developmental and education significance of the child/pet bond* (pp. 9-19). Olney, MD: Association for Childhood Education International.

Kramer, D. C. (1989). *Animals in the classroom: Selection, care and observations*. Reading, MA: Addison-Wesley.

Kruger, K. A., Trachtenberg, S. W., & Serpell, J. A. (2004). *Can animals help humans heal? Animal-assisted interventions in adolescent mental health*. Center for Interaction of Animals and Society, University of Pennsylvania School of Veterinary Medicine. Retrieved March 3, 2006, from http://www2.vet.upenn.edu/research/centers/cias/store.htm

Levinson, B. M. (1962). The dog as co-therapist. *Mental Hygiene, 46*, 59-65.

Levinson, B. M. (1980). The child and his pet: A world of nonverbal communication. In S. A. Corson & O. E. Corson (Eds.), *Etiology and Nonverbal Communication in Mental Health* (pp. 63-81). Pergamon Press.

Lewin-Benham, A. (2006). One teacher, 20 preschoolers, and a gold fish. *Young Children, 61*(2), 28-34.

Mallon, G. (1992). Utilization of animals as therapeutic adjuncts with children and youth: A review of the literature. *Child and Youth Care Forum, 21*(1), 53-67.

Melson, G. F. (2001). *Why the wild things are: Animals in the lives of children*. Cambridge, MA: Harvard University Press.

Melson, G. F., Peet, S., & Sparks, C. (1992). Children's attachment to their pets: Links to socioemotional development. *Children's Environments Quarterly, 8*, 55-65.

Melson, G. F., & Schwarz, R. (1994, October). *Pets as social supports for families of young children*. Paper presented at the annual meeting of the Delta Society, New York.

Ontario SPCA (2005). *Ontario SPCA humane education classroom pets: A checklist for teachers*. Retrieved March 3, 2006, from http://www.ospca.on.ca/he_ft.html#classroompets

Robin, M., & Bensel, R. (1985). Pets and the socialization of children. In M. Sussman (Ed.), *Pets and the family* (pp. 63-77). New York:

Haworth Press.

Rud, A. G., & Beck, A. M. (2000). Kids and critters in class together. *Phi Delta Kappan, 82*(4), 313-315.

Sandall, S., Hemmeter, M. L., Smith, B., & McLean, M. (2005). DEC recommended practices: *A comprehensive guide for practical application in early intervention/early childhood special education.* Longmont, CO: Sopris West.

Twiest, M. G., Twiest, M. M., & Jalongo, M. R. (2004). A friend at school: Classroom pets and companion animals in the curriculum. In M. Jalongo (Ed.), *The world's children and their companion animals: Developmental and education significance of the child/pet bond* (pp. 61-78). Olney, MD: Association for Childhood Education International.

Webster-Stratton, C., & Reid, M. J. (2004). Strengthening social and emotional competence in young children-The foundation for early school readiness and success: Incredible years classroom social skills and problem-solving curriculum. *Infants and Young Children, 17*(2), 96-113.

유아의 사회적 능력 지원에 관한 유용한 자원

유아의 사회적 능력 지원에 도움이 되고, 일상적인 일과, 활동 및 장면에서 발달을 촉진하는 데 도움이 되는 부가적인 자료를 여기에 소개한다. 이들 자료의 가격은 다양하다. 대부분의 자료는 개인적으로 부담할 수 있는 것이지만, 어떤 것들은 기관이나 프로그램에서 구입하는 것이 바람직하다.

Camille Catlett, M.A., University of North Carolina at Chapel Hill

도 서

▶ 놀이를 통한 학습 목표 성취: 특수교육 요구 유아 지도(Achieving Learning Goals Through Play: Teaching Young Children with Special Needs, 2nd ed.)

A. H. Widerstrom

놀이는 재미 그 이상이 되어야 한다. 놀이는 유아의 학습을 돕는 강력한 교수 도구다. 이 책에서 제공하는 실제적이며 활동 중심의 가이드는 학교에서 일어나는 놀이 속에 개별적인 학습 목표를 삽입하는 데 즉시 적용할 수 있는 전략이 된다. 2~5세의 특수유아를 위해 고안되었지만, 비장애 유아에게도 마찬가지로 효율적으로 적용될 수 있다. 이 책에서는 놀이 활동이 유아의 인지 · 의사소통 · 운동 · 사회적 · 전문해성(pre-literacy) 기술의 발달을 어떻게 촉진할 수 있는지를 알려 준다.

Brookes Publishing
P.O. Box 10624
Baltimore, MD 21285-0624
(800) 638-3775
FAX: (410) 337-8539
Web site: http://www.brookespublishing.com

▶ 아동의 사회적 능력을 촉진하는 조기중재 프로그램 만들기(Designing Early Intervention Programs to Promote Children's Social Competence)

M. J. Guralnick & B. Neville

[in M. J. Guralnick (Ed.), The effectiveness of early intervention]

저명한 교재 중 하나인 Guralnick(1997)의 『조기중재의 효율성』의 한 장(chapter)에서 Guralnick과 Neville은 사회적 능력이 조기중재 프로그램의 매우 중요한 성과라고 주장한다. 저자들은 이 책에서 교육과정 활동, 가족 지원 체계 개발, 학급에서의 문화적 경험의 통합 등을 조직하고 구성하기 위한 체계적인 근거를 제공하고 있다.

Brookes Publishing

P.O. Box 10624

Baltimore, MD 21285-0624

(800) 638-3775

FAX: (410) 337-8539

Web site: http://www.brookespublishing.com

▶ 행동 문제를 보이는 유아의 일상적인 일과에 선택을 삽입하기: 사회적 능력 계발의 8가지 근거(Embedding Choices into the Daily Routines of Young Children with Behavior Problems: Eight Reasons to Build Social Competence)

K. Jolivette, K. McCormick, L. A. Jung & A. S. Lingo

학술지 *Beyond Behavior*에 수록된 2004년 논문에서, 저자들은 행동 문제를 보이는 아동에게 일상적인 일과 속에서 선택하도록 하는 것이 왜 중요한지에 대해 논하였다(근거의 대부분은 모든 유아에게 적용됨). 이들이 강조한 근거는 독립성 고취, 적절한 행동에 대한 자기점검 교수, 통제감 제공, 수행 향상, 전반적인 웰빙 촉진, 책임감 있는 행동과 가치 연계 등이다.

▶ 아동의 사회적 능력 촉진: 교사의 역할(Fostering Children's Social Competence: The Teacher's Role)

L. G. Katz & D. E. McClellan

이 책에서 다룬 핵심 주제는 조기중재 전문가들에게 권위가 있으면서도 접근이 쉽다. 저자들은 연구와 전문가 경험을 토대로 사회적 능력의 발달 요소와 성격에 미치는 긍정적 · 부정적 영향을 설명하고, 교사가 사회적 능력을 이해하고 촉진하는 데 사용할 수 있는 전략과 지침을 제안한다.

National Association for the Education of Young Children

1313 L St. N.W. Suite 500, Washington, DC, 20005

800-424-2460

Web site: http://sales.naeyc.org/default.aspx

▶ 학교에서의 교우 관계 개발(인간 서비스 전문가를 위한 언어와 학습)

Friendship Development Among Children in School(Language and Learning for Human Service Processions)

Thomas Rizzo

초등학교 1학년 아동의 교우 관계에 대한 문화기술적 연구에 바탕을 둔 책으로, 다음과 같은 두 가지 주요 쟁점을 다루고 있다. 첫째, 공립학교 교실의 사회생태학이 아동의 상호작용과 또래 관계에 어떠한 영향을 미치는가? 둘째, 아동이 학교에서 교우 관계를 시작하고 개발할 때 중요한 심리사회적 과정은 무엇인가? 1988년에 출간된 이 책에서는 아동 간의 교우 관계 발달의 가설을 제공하며, 아동들이 자신들을 친구라고 느끼게 하는 일련의 사건을 소개한다.

Norwood, NJ: Ablex

▶ 아동의 사회적 발달 지도하기: 이론과 실제(4판)(Guiding Children's Social Development: Theory to Practice)(4th ed.)

M. J. Kostelnik, A. Whiren, A. Soderman, L. Stein & K. Gregory

이 책에서는 전문가가 아동의 사회적 능력을 강화시킬 수 있는 방법과, 아동이 타인과 잘 지내는 법을 학습하는 동안 긍정적인 자아존중감을 기르도록 돕는 방법을 강조하고 있다. 이 책에서 제공하는 전략은 실제적이며 발달에 적합하다. 이 책은 2002년에 출간되었으며, 이와 같은 전략을 실제적인 학급 기술로 전환하는 방법에 대해 폭넓게 설명하고 있다. 또한 학급에서 학생 또는 전문가의 효율성을 증대시키기 위한 절차도 소개하고 있다.

Delmar Publishers

Thomson Learning

Attn: Order Fulfillment

P.O. Box 6904

Florence, KY 41022

(800) 347-7707

FAX: (800) 487-8488

Web site: http://www.earlychilded.delmar.com

▶ 아동의 사회 · 정서적 능력을 향상시키는 방안(How to Promote Children's Social and Emotional Competence)

C. Webster-Stratton

1999년에 출간된 이 책은 4~8세 아동을 지도하는 교사를 위한 도서다. 이 책에서는 아동의 교육적 · 정서적 요구를 충족시키기 위하여 교사가 부모와 어떻게 협력할 수 있는지를 설명하고 있다. 저자는 아동이 자신의 정서를 이해하고 다룰 수 있는 능력이 학업 능력 못지않게 중요하다고 보며, 교사가 아동의 사회적 · 학업적 능력을 신장시키기 위하여 선택할 수 있는 학급 관리 전략을 다양하게 소개한다.

Sage Publications
2455 Teller Road
Thousand Oaks, CA 91320
(800) 818-7243
FAX: (800) 583-2665
Web site: http://www.sagepub.com

▶ 친구가 되자: 유아 프로그램에서의 또래 유능감과 사회적 통합(Let's Be Friends: Peer Competence and Social Inclusion in Early Childhood Programs)

K. M. Kemple

2004년에 출간된 책으로, 유아 프로그램에서 위험군 유아를 포함한 모든 유아들이 능숙한 사회적 상호작용 기술을 가지도록 돕는 방법에 대한 핵심적인 요소들을 다룬다. 특히 이 책은 연구에서 밝혀진 결과를 실제적인 중재로 실행함으로써 매우 유용한 기여를 한 도서다. 일반 유아교육과 유아특수교육의 최근 지식을 통합한 이 독특한 책에서는 다양한 전략을 설명하는데, 환경 배치, 현장교수, 협력학습부터 집중적이고 개별적으로 초점을 맞춘 중재에 이르기까지 폭넓게 다루고 있다. 각 장의 마지막에 제시된 '생각할 거리' 문제는 교수가 과제로 활용할 수도 있고, 해당 주제에 대해 독자가 더 깊이 생각하는 데 도움이 될 것이다.

Teachers College Press
P.O. Box 20
Williston, VT 05495-0020
(800) 575-6566
FAX: (802) 864-7626
Web site: http://store.tcpress.com

▶ 대안적 사고 전략 촉진 교육과정[The Promoting Alternative Thinking Strategies(PATHS) Curriculum]

C. A. Kusche & M. T. Greenberg

대안적 사고 전략 촉진(Promoting Alternative THinking Strategies: PATHS)은 초등학생을 대상으로 교실에서의 교육과정을 강화함과 동시에 아동의 사회·정서적 능력을 촉진하고, 공격성과 외재화 행동을 감소시키는 포괄적인 프로그램이다. 5~12세 아동을 위한 이 혁신적인 교육과정은 교사나 상담가가 다년간의 예방 모델로 활용할 수 있다. PATHS 교육과정은 교사가 아동에게 정서적 유능감, 자기통제, 사회적 기능, 긍정적 또래 관계, 대인 간 문제해결 기술을 지도할 수 있도록 체계적이면서 발달에 근거한 수업, 자료, 교수 전략을 제공한다.

Channing-Bete Company

(800) 474-4776

FAX: (800) 499-6464

Web site: http://www.channing-bete.com/prevention-programs/paths-preschool

▶ 능력 향상의 경로(Pathways to Competence)

S. Landy

2002년에 출간된 이 방대한 참고문헌에는 1~6세 유아의 사회·정서적 발달의 아홉 가지 핵심적인 측면이 담겨 있다. 각 장은 내용, 양육의 원칙, 유용한 정보, 연습문제, 활동, 추가적인 참고문헌(성인용 및 아동용)으로 구성되어 있다. 이 책은 학생 또는 양육자의 능력 향상에 도움이 될 만한 훌륭한 자료다.

Brookes Publishing

P.O. Box 10624

Baltimore, MD 21285-0624

(800) 638-3775

FAX: (410) 337-8539

Web site: http://www.brookespublishing.com

▶ **출생에서 청소년기까지의 발달장애 아동 및 청소년의 사회적 의사소통 촉진(Promoting Social Communication in Children and Youth with Developmental Disabilities from Birth to Adolescence)**

H. Goldstein, L. Kaczmarek & K. English (Eds.)

사회적 기술과 의사소통 기술은 상호적이다. 한 가지 기술의 향상은 다른 기술의 향상을 가져온다. 2001년에 출간된 이 책에서는 사회적 기술과 의사소통 기술 간의 복잡한 연결을 탐색하며, 발달장애를 가진 아동의 사회-의사소통 중재를 계획할 때 가장 최근의 연구를 적용할 수 있도록 도움을 제공하고 있다. 이 책의 하이라이트는 실제 사례와 함께 제시된 연구 중심의 전략, 혁신적인 진단평가, 중재 기술이다.

Brookes Publishing

P.O. Box 10624

Baltimore, MD 21285-0624

(800) 638-3775

FAX: (410) 337-8539

Web site: http://www.brookespublishing.com

▶ '너랑 안 놀아' 라고 말하지 않기(You Can't Say You Can't Play)

V. G. Paley

1992년에 출간된 이 책에서 저자는 교실의 도덕적 관점을 조사하는 독특한 전략을 사용하고 있다. 저자는 유치원부터 5학년까지의 아동을 분석하고, 이를 동화로 만들어 설명하는 탁월한 방법을 사용하였다. 공정성과 독점성에 관한 질의응답이 창의적이며 통찰력 있는 아동과 현명하고 섬세한 교사의 언어로 표현된다.

Cambridge, MA: Harvard University Press.

체크리스트와 측정

▶ 놀이 상대와 친구 설문지(Playmates and Friends Questionnaire)

B. D. Goldman & V. Buysse

이 설문지는 유아기 환경에서 또래 교제의 횟수와 성격을 기록하기 위한 목적으로 만들어진 것이다. 설문지는 세 부분으로 나뉘는데, 놀이 상대, 특별한 친구, 교우 관계 형성의 촉진 전략으로 구성된다. 미국 교육부 주관의 유치원 통합 프로젝트의 비용, 질, 성과 평가에 사용되는 이 설문지는 학급 교사가 작성하는데, 개별 아동의 진보를 모니터하거나 특정한 중재를 개발하는 데 도움이 된다.

Chapel Hill, NC: FPG Child Development Institute

http://www.fpg.unc.edu/~publicationsoffice/pdfs/playmates_friends_rev.pdf

▶ **유아의 사회적 발달: 체크리스트**(Young Children's Social Development: A Checklist)

Diane McClellan & Lilian G. Katz

저자들은 또래 관계와 사회적 능력, 인지 발달의 관계를 조사한 연구에 근거하여 사회적 귀인 체크리스트를 개발하였다. 이 체크리스트는 부모와 교사가 실제적인 평가를 하고, 문화적으로 적절한 친사회적 행동을 지원하는 데 도움이 된다.

http://www.nldontheweb.org/Mcclellan_Katz.htm

비디오테이프

▶ **친구 사귀기**(To Have a Friend)

Portage Project

이 비디오는 6분 분량의 뮤지컬을 배경으로 다양한 문화적 배경과 능력을 가진 유아들의 친구 관계를 아름다운 영상으로 보여 준다. 이 비디오는 통합의 효과를 설명하는 데 사용될 수 있고, 아동 간의 교우 관계를 촉진하고 지원하기 위한 전략을 찾는 데 유용하게 사용될 수 있다. 토론 주제, 모의 훈련, 유용한 자료 등이 소책자로 제공된다.

CESA-5

Attn: Portage Project Materials

P.O. Box 564

626 E. Slifer Street

Portage, Wisconsin 53901

(800) 862-3725, ext. 221

FAX: (608) 742-2384

Web site: http://www.portageproject.org

▶ 최초의 관계 촉진하기: 부모 및 기타 양육자가 유아의 사회 · 정서적 요구를 충족시키도록 돕는 서비스 제공자를 위한 교육과정(Promoting First Relationships: A Curriculum for Service Providers to Help Parents and Other Caregivers Meet Young Children's Social and Emotional Needs)

J. Kelly, T. Zuckerman, D. Sandoval & K. Buehlman

아기들은 무엇을 알고 있고, 무엇을 필요로 하는가? 이 비디오는 2003년에 개발된 훈련 프로그램으로서 아동의 요구를 충족시키고, 발달을 도모하며, 자기존중감을 강화하는 방법으로 아동과 양육자의 관계를 친밀하게 만드는 구체적인 가이드라인을 제공하는 교육과정 지침서다. 강점에 기반한 양육 접근은 애착, 반응성, 신뢰의 중요성을 강조한다. 특히 아동이 가진 특수한 요구 및 능력을 강조하며, 중재 계획을 세우는 데 도움이 되는 제안을 하고 있다. 또한 양육자와 서비스 제공자의 협력 관계가 비디오, 유인물, 교육과정 지침서 모두에 걸쳐 강조된다. 비디오와 함께 반성적인 사고를 촉진하는 질문, 관찰 지침, 유인물은 교사, 부모, 서비스 제공자에게 훌륭한 자원이 된다.

NCAST-AVENUW
University of Washington
Box 357920
Seattle, WA 98195-7920
(206) 543-8528
FAX: (206) 685-3284
Web site: http://www.ncast.org/ordering.asp

▶ 사회 · 정서적 능력의 촉진(Promoting Social and Emotional Competence)

Center on the Social and Emotional Foundations for Early Learning(CSEFEL)

유아의 사회 · 정서적 능력을 기르는 데 가장 도움이 되는 훈련의 유형과 내용에 대하여 유아교육 프로그램의 관리자, 기술적 지원 제공자, 교육자, 가족 구성원 등의 의견을 토대로 개발된 모듈이다. 영어 또는 스페인어로 된 네 가지 모듈은 웹사이트(http://csefel.uiuc.edu/modules.html)에서 다운로드하거나 CD-ROM과 비디오 세트로 주문 가능하다.

CSEFEL

61 Children's Research Center

51 Gerty Drive

University of Illinois at Urbana-Champaign

Champaign, 1L 61820

(217) 333-4123

FAX: (217) 244-7732

Web site: http://csefel.uiuc.edu

▶ 사회 · 정서적 성장과 사회화(Social-Emotional Growth and Socialization)

Center for Child and Family Studies,

California Department of Education

이 모듈은 인쇄물(영유아 양육: 사회 · 정서적 성장과 사회화 지침서), 세 편의 비디오(최초의 움직임, 유연한, 두려운 또는 거침없는 그리고 함께하기), 교육 담당자 안내 책자 등을 포함하는 통합 자료 세트로 구성된다. 이 자료는 최근의 이론 및 실제에 근거하여 45분 정도 소요되는 수업 계획으로 편성되어 있다. 각 수업 계획은 개관, 문화적으로 능숙하게 아동을 돌보는 것에 관한 주요 개념, 자료, 활동지, 유인물, 오버헤드, 토론 주제, 추가 활동 예시 등을 포함한다.

WestEd PITC

80 Harbor Drive, Suite 112

Sausalito, CA 94965-1410

(415) 289-2300

FAX: (217) 289-2301

Web site: http://www.pitc.org/cs/pitclib/print/pitc_docs/products4.html

웹 자료

▶ 아동의 사회적 능력 평가(Assessing Children's Social Competence)

기초적이며 실제적인 정보(사회적 능력이란 무엇인가? 아동기의 사회적 능력이 특히 중요한 이유는 무엇인가? 아동의 사회적 능력은 어떻게 발달되는가?)가 질의응답 형식으로 영어 및 스페인어 버전으로 제공된다.

http://www.illinoisearlylearning.org/faqs/socialcomp.htm(영어) 또는 http://www.illinoisearlylearning.org/faqs-sp/socialcomp-sp.htm(스페인어)

▶ 근거 중심의 실제 센터: 도전적 행동을 하는 유아(Center for Evidence-Based Practice: Young Children with Challenging Behavior)

유인물, 연구 요약, 교육 자료, 관련 사이트 링크 등을 이 사이트에서 찾을 수 있다. 추천 실제 유인물과 다양한 주제에 걸쳐 근거 중심의 실제를 알려 주는 자료표가 특히 유용하다.

http://www.challengingbehavior.fmhi.usf.edu/resources.html

▶ 유아 학습에 필요한 사회 · 정서적 토대 센터(Center on the Social and Emotional Foundations for Early Learning)

영어와 스페인어 버전이 있으며, 유아의 사회적 능력을 지원하기 위한 다양한 자원을 찾고 있다면, 이 사이트가 최적의 선택일 것이다. 이 센터에서는 근거 중심적이며 사용하기 쉬운 정보를 다양한 양식으로 개발하여 아동의 교사, 부모, 관리자를 돕고 있다. 다운로드할 수 있는 자료는 훈련 모듈 및 효과적인 전략에 관한 간추린 설명뿐 아니라 도구 및 실제적인 전략까지 다양하다.

http://www.csefel.uiuc.edu

▶ 좋은 시작: 성공에 필요한 사회 · 정서적 능력을 길러 주는 학교에 아동을 보내기(Good Beginning: Sending America's Children to School with the Social and Emotional Competence They Need to Succeed)

흥미롭게 만들어진 이 출판물은 각 아동에게 나타나기 시작하는 능력을 지원하기 위한 전략을 소개할 뿐 아니라, 우리가 알고 있는 위험 요소를 강조하고 있다.

http://www.casel.org/downloads/goodbeginning.pdf

▶ 통합이 장애 유아의 언어 발달과 사회적 능력에 미치는 영향(The Impact of Inclusion on Language Development and Social Competence Among Preschoolers with Disabilities)

Y. Rafferty, V. Piscitelli & C. Boettche

통합이 학업적 성취를 보장하는 것은 아니다. 이 논문에서는 프로그램의 질과 지원 서비스의 가용성이 통합 환경의 모든 아동의 사회 · 정서적 능력과 인지 능력에 핵심적인 요소임을 알려 주는 최근의 연구를 인용한다.

http://journals.sped.org/EC/Archive_Articles/VOLUME69NUMBER4Summer2003_EC_Article-5.pdf

▶ 아동과 가족의 정서적 웰빙을 촉진하기–정책 보고서 3호, 입학 준비 끝, 3~4세 유아의 사회 · 정서적 학교 준비를 촉진하는 전략에 대하여 연구에서 밝혀진 것을 정책 입안자들에게 알리기(Promoting the Emotional Well-Being of Children and Families. Policy Paper No. 3: Ready to Enter: What Research Tells Policymakers About Strategies to Promote Social and Emotional School Readiness Among Three- and Four-Year-Old Children)

Mailman School of Public Health,
National Center for Children in Poverty(Columbia University)

이 요약 보고서는 사회 · 정서적 웰빙과 학업 성취 간의 관계를 알려 주는 최근의 연구를 종합한 것이다. 정책 입안자와 프로그램 관리자를 주 대상으로 작성된 이 보고서는 유아의 건강한 성장과 발달에 적합한 자원을 제공하려 할 때 이들이 맞닥뜨릴 수 있는 재정적 · 정책적 어려움을 다루고 있다.

http://www.nccp.org/media/pew02c-text.pdf

▶ 성공 준비: 유아의 사회 · 정서적 발달에 근거한 학교 준비의 기초 쌓기(Set for Success: Building a Strong Foundation for School Readiness Based on The Social-Emotional Development of Young Children)

Kauffman Early Education Exchange, 2002 Conference Series Report (Kauffman Foundation Fulfillment Center)

유잉 마리온 카우프만 재단에서 발행된 이 보고서는 인지 능력에 선행되는 사회 · 정서적 학교 준비의 중요성을 밝힌 최근의 연구 결과를 보여 주는 논문 7편을 편집한 것이다. 또한 이 보고서에서는 유아의 초기 학교생활의 성공을 돕는 프로그램들의 주요 근거를 제공한다.

http://www.kauffman.org/pdf/eex_brochure.pdf(121-page document) and http://www.kauffman.org/pdf/eex_summary.pdf(executive summary)

▶ 유아기의 사회 · 정서적 학습: 우리가 알고 있는 것과 나아갈 방향 (Social-Emotional Learning in Early Childhood: What We Know and Where to Go from Here)

S. A. Denham & R. P. Weissberg

학교, 가정, 지역사회의 연대는 인간관계 학습의 맥락을 제공한다. 아동기와 청소년기의 사회 · 정서적 학습을 증진시키기 위해서는 학급에서 일어나는 경험에 좀 더 관심을 가져야 한다고 저자들은 주장한다.

http://www.casel.org/downloads/SELearlychildhood.pdf

▶ 유아의 사회 · 정서적 능력 강화: 학교 준비 및 성공의 토대(Strengthening Social and Emotional Competence in Young Children-The Foundation for Early School Readiness and Success)

C. Webster-Stratton & M. J. Reid

사회적 기술과 문제해결력 훈련에 초점을 맞춘 공룡 프로그램은 유아에게 사회적 기술을 가르치는 프로그램이며, 사회적 능력이 학교 준비와 학업 성취에 밀접하게 관련이 있다는 믿음에 근거하고 있다. 공룡 프로그램에서 아동은 분노 관리 및 문제해결 기술을 학습한다. 즉, 아동은 감정을 이해하고 인식하는 법을 배우며, 타인과 의사소통하고 사이좋게 지내는 것을 연습한다.

http://www.son.washington.edu/centers/parenting-clinic/opendocs/strengthening2004.pdf

▶ 교수 피라미드: 유아의 사회적 능력 지원 및 문제행동 예방 모델(The Teaching Pyramid: A Model for Supporting Social Competence and Preventing Challenging Behavior in Young Children)

L. Fox, G. Dunlap, M. L. Hemmeter, G. E. Joseph & P. S. Strain

이 교수 피라미드를 이용하여 전문가는 학교와 가정에서 긍정적인 관계의 기초를 쌓고, 친사회적 행동을 촉진하는 학급 환경을 만들며, 사회·정서적 교수 전략을 실시하면서 아동의 사회적 능력을 지원한다. 피라미드의 꼭짓점에 해당되는 가장 높은 수준은 개별화 중재로서, 이는 전문가와 가족 구성원에 의한 진단평가에 의거한다.

http://challengingbehavior.fmhi.usf.edu/handouts/yc_article.pdf

▶ 사회적 능력 및 학급 공동체를 촉진하기 위하여 문화적으로 반응적인 활동 이용하기(Using Culturally Responsive Activities to Promote Social Competence and Classroom Community)

W. A. Harriott & S. S. Martin

교사가 다양성을 다루고 사회적 수용을 지원해야 하는 어려움에 직면할 때, 지지적인 학급 공동체를 만드는 것은 매우 중요하다. 사회적 능력과 의사소통을 지원하는 활동 예시와 자료가 이 논문에서 제공된다.

http://journals.sped.org/EC/Archive_Articles/VOL.37NO.1SeptOct2004_TEC_Harriott37-1.pdf

편저자 소개

Eva M. Horn, Ph.D.
University of Kansas

Hazel Jones, Ph.D.
University of Florida

역자 소개

김진희

University of Illinois, Urbana-Champaign 특수교육과 졸업(Ph.D.)
현) 인제대학교 특수교육과 교수

〈주요 저서〉
특수아동 교육의 실제(공저, 교육과학사, 2005)
정신지체아 교육(공저, 양서원, 2002)

백유순

Ohio State University 특수교육과 졸업(Ph.D.)
현) 나사렛대학교 유아특수교육과 교수

〈주요 저서 및 역서〉
유아특수교육개론(2판, 공저, 학지사, 2009)
자연적 환경에서의 장애유아 교육방법(공역, 학지사, 2008)
유아특수교육론(공역, 박학사, 2004)
장애유아 통합교육방법(공역, 양서원, 2003)

특별한 영유아
모노그래프 시리즈 8호

사회 · 정서 발달 지원
Social Emotional Development

2013년 2월 20일 1판 1쇄 인쇄
2013년 2월 28일 1판 1쇄 발행

편저자 • Eva M. Horn · Hazel Jones
옮긴이 • 김진희 · 백유순
펴낸이 • 김진환
펴낸곳 • (주) 학지사
121-837 서울시 마포구 서교동 352-29 마인드월드빌딩 5층
대표전화 • 02-330-5114 팩스 • 02-324-2345
등록번호 • 제313-2006-000265호

홈페이지 • http://www.hakjisa.co.kr
커뮤니티 • http://cafe.naver.com/hakjisa

ISBN 978-89-997-0052-1 94370
978-89-6330-432-8 (set)

정가 11,000원

역자와의 협약으로 인지는 생략합니다.
파본은 구입처에서 교환해 드립니다.